まんがでわかる

セブン-イレブンの16歳からの経営学

〔まんが〕迫ミサキ 〔監修〕セブン-イレブン・ジャパン

宝島社

まんがでわかる セブン-イレブンの16歳からの経営学 目次

Chapter 1 アルバイトがなぜ戦力に育つのか？ ―仮説と検証― …… 5
Stage 1 仕事は「自分で試す」から面白くなる …… 6
「仮説に基づく行動」が考える現場をつくる …… 24
Column 1 仮説に必要な「先行情報」を集めるには？ …… 26

Chapter 2 利益と損失の正しいとらえ方とは？ ―販売・陳列― …… 27
Stage 2 問題は買う側の都合で考える …… 28
「うまくいった」が買い手には不満なこともある …… 46
Column 2 「自分の正しさ」を検証する仕組みを自分の中に持つ …… 48

Chapter 3 新しい商品を開発するための原動力とは？ ―商品開発力― …… 49
Stage 3 「できない」「前例がない」から価値がある …… 50
挑戦は「顧客の立場で」やらないと失敗する …… 68
Column 3 セブン-イレブンでは「変化への対応」をどう実践しているか …… 70

Chapter 4 上下関係を超えて人を動かすには？ ―チーム力とイノベーション― …… 71
Stage 4 指示・取引より「取り組み」が周囲を巻き込む …… 72
同じ目線で挑戦するから新たな成果が生まれる …… 90
Column 4 本家アメリカを日本流が再建した …… 92

Chapter 5
顧客が〝つい〟利用してしまう秘訣とは？ ―接客という演出― 93
Stage 5 「好きになってもらう」努力が顧客を変える 94
フレンドリーさで「毎日、気になる」気持ちにさせる 110
Column 5 なぜセブン-イレブンは密集しているのか 112

Chapter 6
組織のメンバーの当事者意識を引き出すには？ ―形式知と暗黙知― 113
Stage 6 直接伝えると人は心で動く 114
「言葉では伝わらないもの」を伝える努力が必要 130
Column 6 OFCには何が求められているのか？ 132

Chapter 7
本当のコミュニケーション能力とは？ ―伝える力によるマネジメント― 133
Stage 7 人を動かすには「その人の言葉」で語る 134
相手目線の言葉が「この人とならやれる」を引き出す 150
Column 7 「上司」とは何をする人なのか？ 152

Chapter 8
本当に価値ある仕事を生み出すには？ ―リーダーシップ― 153
Stage 8 未来に向かって仕事をする 154
セブン-イレブンが考えるトップの条件 172
Column 8 「いま」の仕事は「未来」から逆算して決める 174

おもな登場キャラクター

志村奈々子《しむらななこ》

本編の主人公。とある都市の女子高校生。父・博文と折り合いが悪く、家にいる時間を減らしたいという理由で近所のセブン‐イレブンでアルバイトを始める。

志村博文《しむらひろふみ》

奈々子の父で公務員(県庁職員)。子どもの勉強や生活習慣に厳しく、奈々子とはことあるごとに対立する。

志村幸子《しむらさちこ》

奈々子の母で専業主婦。のんびりした大らかな性格で、奈々子と博文の緩衝材的な役割を果たしている。

志村《しむら》 光《ひかり》

奈々子の弟。要領がよく、父・博文に叱られないように家庭内では上手に立ち回っている。

七海《ななみ》 士郎《しろう》

奈々子がアルバイトをすることになったセブン‐イレブン店舗のオーナー。

広瀬《ひろせ》 敏哉《としや》

奈々子と同じ店舗でアルバイトしている大学生。

鳳《おおとり》 福志《ふくし》

セブン‐イレブンの店舗経営相談員(OFC)。

本書は、『セブン‐イレブンの「16歳からの経営学」』(勝見 明 著、鈴木敏文・野中郁次郎 先生、小社刊)の内容をベースに、適宜、情報を加味して、まんがのストーリーおよび記事の作成を行った書籍です。

※このまんがはフィクションです。登場する人物、店名、商品名などは、すべて架空のものです。

Chapter

1

アルバイトがなぜ戦力に育つのか?

―― 仮説と検証 ――

セブン-イレブンでは、高校生でもアルバイトを初めて3カ月もすれば、店舗の経営について意見を持ち、自発的に創造的な仕事をこなすようになる。現場を育てるその秘訣は、実力に応じて「任せること」。セブン-イレブンの知恵と実践を紹介しよう。

でね
その時先生が
あははっマジー!?
じゃねー
バイバーイ
…ただいまー
志村《しむら》　奈々子《ななこ》
女子高校生

おかえりー
ご飯すぐ食べるでしょう？
志村《しむら》　幸子《さちこ》
奈々子の母・
専業主婦
清美とハンバーガー食べてきたからいい
ピク…
おい奈々子 いま何時だと思ってるんだ
平日の夜に遊び歩いて食事はいらんだと何様だと思ってるんだ
志村《しむら》　博文《ひろふみ》
奈々子の父
公務員（県庁職員）
…るっさいなー
バタバタ
こら！ 奈々子！

ったく 母さんからも きちんと言っておけ！
来年はもう 受験なんだぞ！
…あーあ
いつからこんなふうに なっちゃったんだろ
顔合わせたら いつもケンカ
昔はもっと普通に 仲良かったのに——…
ねーちゃん さあ
ちょっとは 家の雰囲気も 考えてよ
毎日こんなんじゃ オレだって身が 持たねーよ
志村《しむら》　光《ひかり》
奈々子の弟・中学生

集中してゲームもできないいじゃん
バカ
生意気言うんじゃないわよ
あいつ近頃生活が乱れてるんじゃないのか⁉
あんなので学校の勉強についていけているのか――
…
…もーやだ！
ねーちゃん⁉
また出かけんの⁉
バタンッ
⁉
奈々子⁉どこに行くんだ！
奈々子！

ELEVEN
…あーあ
帰りたくないなー…
毎日毎日怒鳴られてばっかり
とぼ とぼ
お父さんと顔合わせたくないよ
家にいなくて済むいい方法ないかなぁ…
スタッ
時給800円～
※早朝・深夜手当て有り
(早朝)～9時まで⇒時給1000円
(深夜)22時以降⇒時給1000円
(応募資格)
主婦さんまで幅広く大歓迎！

アルバイト？
ねーいいでしょ 履歴書にハンコちょうだい
2丁目のセブン-イレブンならすぐ近くだから安心だけど…大丈夫なの？
上の人の指示通りに動くだけでしょ 清美もファーストフード店でバイトしてるけど楽勝だって言ってたもん
平気平気！ 余裕だよ！
そして無事面接に合格したあたしは
セブン-イレブンでアルバイトをすることになり――…

えー
今日からこのシフトに入ってもらうことになった志村さんだ
よろしく〜〜！
七海《ななみ》　士郎《しろう》
セブン-イレブン
七葉町２丁目店　オーナー
しばらくは広瀬君に仕事の流れを教わって
俺？
よ
よろしくお願いします！
ん
よろしく〜
広瀬《ひろせ》　敏哉《としや》
大学生
じゃあ
とりあえず配置からかな
切手と宅配便の送り状はここで—…
陳列はこうで〜
商品の発注はこれでやるんだけど〜
へ〜

あとレジの使い方はねー……
覚えることがたくさんで大変だな〜
でもあたし記憶力には自信あるし
成績は悪くない
先輩も皆優しいし…
やっぱバイトってヨユーじゃん♪
楽しいし家にいなくて済むしラッキーー!
そして数週間後——…
25円のお返しです
ありがとうございました!
慣れてきたみたいだな
オーナー!はい!楽しいです!
そーかよかった
じゃあそろそろ…

発注やってもらおうか
え？
今度からお菓子コーナーの発注任せるから
よろしく頼むよ
……は？

※GOT…グラフィック・オーダー・ターミナル。商品の発注に使用する端末

完全に他人事だと思ってたのに…
発注なんて大事なことあたしがやっちゃっていいの？
何をどれだけとるかなんてまったく見当も…
えーいとりあえずやっちゃえ！
ピッピッピッ
そして案の定…
どどんっ

志村！
何なんだコレは!!
と…とりあえずやってみたんですけど…
こんなに頼んだら他の商品の在庫スペースがなくなってしまうだろう
これじゃ他の売り場にも迷惑がかかる！
次から気をつけるように
そ…そんなこと言われても
う～理不尽だわ
今回が多すぎたなら次は減らせばいいんでしょっ
ブツ
ブツ
次の発注のときは今回の半分にして…
メモしとこ。
これでオーナーに嫌な顔されないで済むわね
……
そして次の発注後…
し～む～ら～～～
ゴゴゴゴゴ
今度は何なんですかぁ～～～っ!!
今回はダンボール積み上げてないのにっ

これを見ろ
もう売り切れちゃったじゃないか
ビ
シ
空。
次の納入は明日だぞこれじゃ買いに来たお客様ががっかりするだろう
ガミ
ガミ
うぐ… …すみませんでした…
む～～～っ
発
発注の加減なんて教えてもらってないし
できるわけないじゃん
ん
?
…なんて思ってる?
ばっ

ひ
広瀬さん…
お客さんのニーズは
日々変わるから…
発注って難しい
んだよね
だからちゃんと
教えて
もらえば…
ピッ
僕たちがやってるのは
作業じゃないんだ
仕事なんだよ
?
作業は
やり方を覚えて
その通りに
すればいい
時間をかければ
誰にでもできる
だけど仕事は
違う
単なる勉強は
役に立たない
世界なんだよ

過去の事例を
どんなに学んでも
「明日この商品がいくつ売れるのか」の正しい答えは誰にもわからないだろう？
自分なりに仮説を立てて実際に試して検証するしかないよね
仮説を検証…？
こうじゃないかなって自分で予想してそれに賭けて動いてみるってこと
じゃあどうすれば…
でもまた間違えたら…
怒られるし
オーナーは発注量を間違えたからああ言ったんじゃない
君が何の根拠もなく適当に数字を決めたから怒ったんだ
季節や天気行事やイベント曜日なんかでお客さんのニーズは変わるから
7月
もっと周りを見てごらん
ヒントがあるよ
……
クス
…大変だと思う？
でもそれが楽しいんだと僕は思うけどね

——これは外角 低めのカーブ
ワー
あっと空振り 三振です！
ワー
…こんな遅くまで どこに行っていたんだ
別に… バイトだけど
なに!?
私は聞いてないぞ！ バイトなんか許したのか
ガタ ガタ
学生の 分際で——
…
……

光
パソコン貸して
ガチャ
わっ何だよいいけど…
何調べんの？
ちょっとね…
そして…
こんにちは――
おや
どうしたんだ？今日シフト入ってないのに
すみません売れ具合が気になっちゃって…
……へえ
今日は普段より少し多めに発注した商品もあったみたいだけど？
は…はい

昨日は夜
人気の映画の放映日
だったので…
お菓子を食べながら
TVを観る人がいつもより
多いんじゃないかなと
なるほど
悪くない
もうすぐ
納品のトラックが
来るが…
これなんか
さっきちょうど
売り切れた
やった
予想的中!
なんかこういうの
ゲームみたいで
面白いかもー…
60点だな
…え?
だっていまちょうど
売り切れたって…
ああ
だから60点
なんだよ
どういう…
こと——…?

Stage 1

「仮説に基づく行動」が考える現場をつくる

約40年、たゆまず成長を続けるセブン-イレブン

日本最大のコンビニエンスストアチェーン、セブン-イレブン。1974年に東京の豊洲に一号店が開店して以来、約40年間、ずっと店舗数は増加している。2014年現在、その数は全国で約1万7000店にものぼり、2位のローソン（約1万2000店）や3位のファミリーマート（約1万店）を大きく引き離す。全店舗の売上高合計は約3・8兆円であり、2位のローソンの倍近い。さらにコンビニの実力を示す1日当たりの1店舗平均売上高は約66万円で、他社より10万円以上も高い。

こんなふうに長年、業界を牽引《けんいん》するセブン-イレブンの強さの秘密の第一が、発注の仕方だ。発注とは、店舗で売る商品を本部の情報ネットワークを介してメーカーや取引先に注文すること。発注作業自体は、グラフィック・オーダー・ターミナル（GOT）と呼ばれる端末からシステムに入力するだけなので難しいことはない（左ページ図）。

だが、「何をどれだけ発注するか」は、店舗経営を左右する重要事項。顧客が欲しい商品をいかに発注するかで、売上げは大きく変わってしまうからだ。

アルバイト人材も強力な戦力

そこで、セブン-イレブンでは「仮説に基づいた発注」を重視。仮説とは、様々な情報をもとに将来を「こうだろう」と仮定すること。仮説に基づき行動することが売上げなどを大きく変える。そこには必ず「賭け」の要素が含まれるが、セブン-イレブンでは、このように「賭け」を伴う重要な発注をアルバイトにも分担して任せている。

その目的のひとつは「やりがい」を生むため。時間を切り売りして指示通りに動く「作業」のみをやらせていると、人は思考を停止してしまい、成長がない。一方、難しくても自分で考えて答えを出す「仕事」を任されれば、人はやりがいを感じる。その結果、自主的に仕事をするようになる。そんなスタッフは、店舗にとって大きな戦力。実際、セブン-イレブンのアルバイトは3カ月で店舗の経営について一家言を持つまでに成長するのだ。

セブン-イレブンの情報ネットワーク

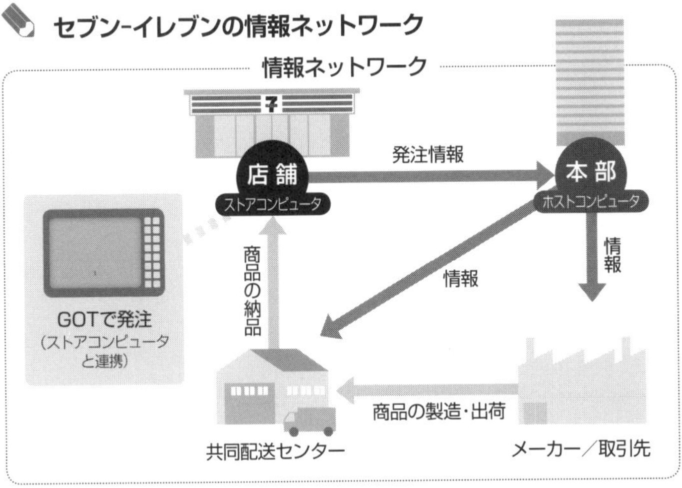

COLUMN 1

仮説に必要な「先行情報」を集めるには？

セブン-イレブンにはPOSシステム（販売時点情報管理）という膨大な販売データの管理システムがある。POSを使えば、全店舗の売上げランキングを発注の参考にしたり、発注の結果から仮説の正しさの検証もできる。

だが、セブン-イレブンでは発注の際、むしろ「先行情報」を重要視する。天気がその代表で、雨の予報なら温かい惣菜《そうざい》、晴れならサラダを増やすなどと、発注を変える。近くの工場の従業員が訪れるなら、その稼働日は大切な先行情報だ。多くは身近なものだが、その情報の存在や価値に気付けるかどうかは、本人の問題意識の高さ次第。「売上げに繋《つな》がる情報はないか」と常に考えている人だけが、目の前のヒントに気づけるのだ。

リンゴが落ちることなど誰も気にとめなかったが、問題意識のあったニュートンだけが万有引力の法則に気がついた。問題意識をいつも持っているか。それが仕事の精度を決めるのだ。

先行情報は「問題意識」に集まってくる

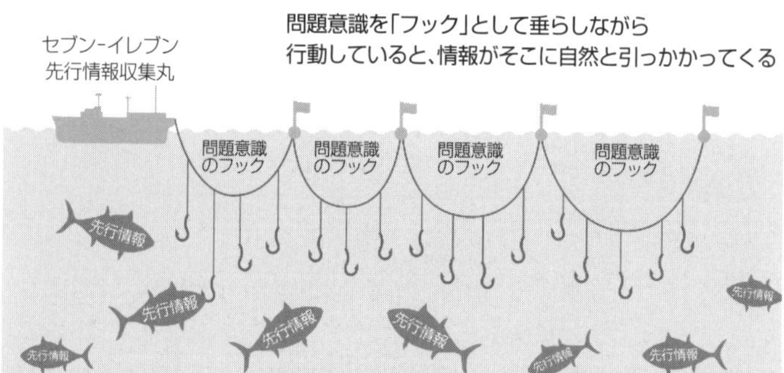
問題意識を「フック」として垂らしながら
行動していると、情報がそこに自然と引っかかってくる
セブン-イレブン
先行情報収集丸
問題意識のフック
問題意識のフック
問題意識のフック
問題意識のフック
先行情報
先行情報
先行情報
先行情報
先行情報
先行情報
先行情報
先行情報
先行情報

Chapter

2

利益と損失の正しいとらえ方とは？

―― 販売・陳列 ――

日々、商品の売れ行きを気にかけていると、顧客の利益のために商売を始めたはずが、いつしか数字を自分中心で解釈して一喜一憂してしまうようになる。だが、売れ行きのよい商品こそ、顧客の不満につながりかねないことを知っておかなければならない。

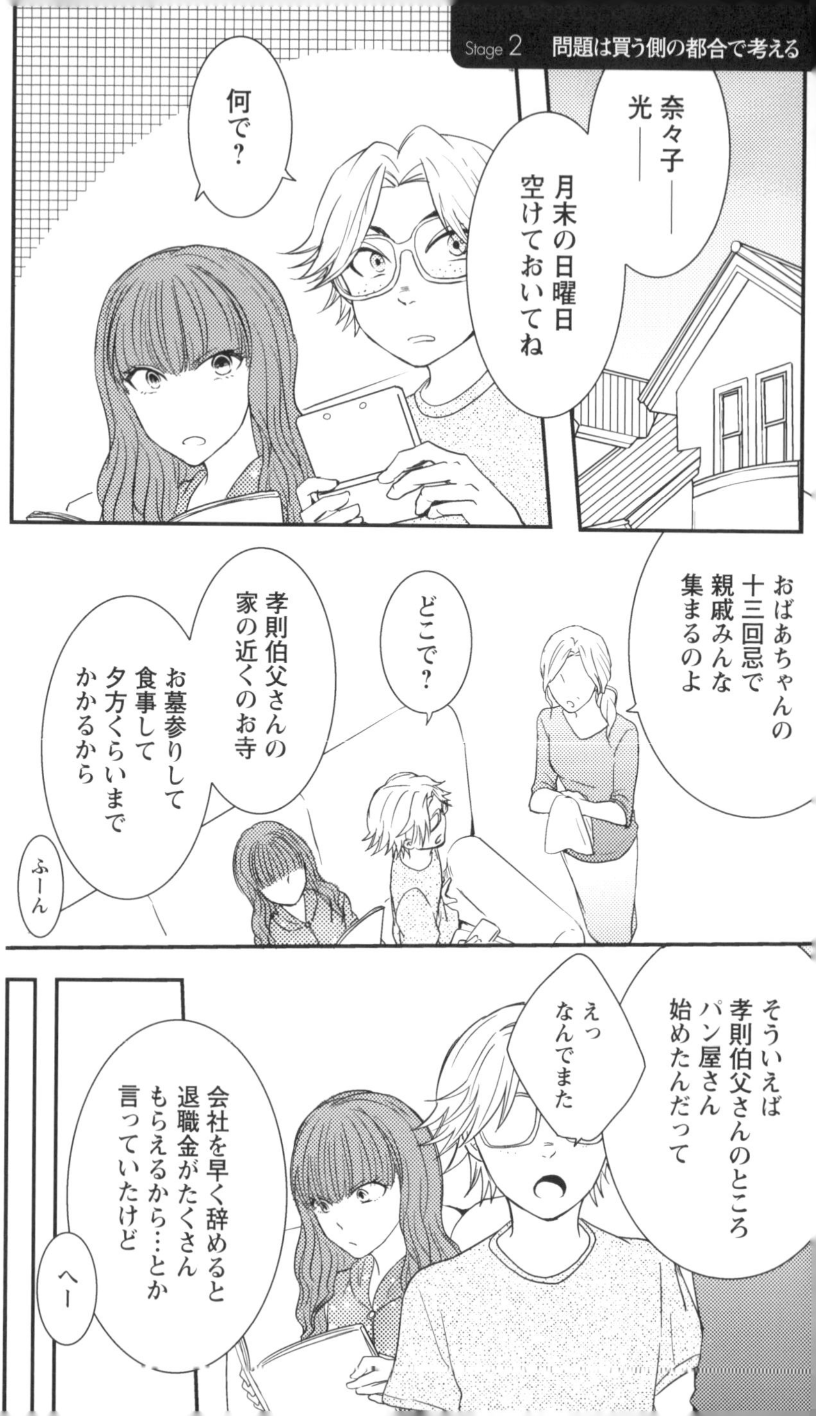
奈々子――
光――
月末の日曜日
空けておいてね
何で？
おばあちゃんの
十三回忌で
親戚みんな
集まるのよ
どこで？
孝則伯父さんの
家の近くのお寺
お墓参りして
食事して
夕方くらいまで
かかるから
ふーん
そういえば
孝則伯父さんのところ
パン屋さん
始めたんだって
えっ
なんでまた
会社を早く辞めると
退職金がたくさん
もらえるから…とか
言っていたけど
へー

きてきて
こっち〜
いつもの
帰り道とは
違うとこなんだけど
新しいパン屋さんが
できててね〜
清美って新しいもの
好きだよね…
清美!
待ってよ
えへへ
見つけたときは
時間なかったから
入れなくて
来てみたかったの〜
へえ〜
いっぱいあるねー

んー
でもなんか…
どうぞ
ご試食ください
……
清美
なんか買う？
ん？
うーん
どれも
美味しそう
なんだけど……
あら
奈々子ちゃん⁉

史江伯母さん!? 伯父さんも…!
おお 奈々子ちゃん
伯父さんのとこのパン屋さんってここだったんだ…
志村《しむら》　史江《ふみえ》
奈々子の伯母
志村《しむら》　孝則《たかのり》
奈々子の伯父。博文の兄。
脱サラ後、パン屋を始める
そうなのよ～
いつか2人で何かやりたいねって言ってた夢がようやく…ね
ああ
相変わらず仲いいなあ
じゃあ俺は仕込みに戻るよ
は～い
……繁盛してますか？

まあ
飛ぶように売れる
ってわけにはいかない
けど……
厳しいのは覚悟してたし
伯父さんとも
「明日のパンがつくれれば
いいよね」って話してる
からいいの
そんなんじゃ
長続きしない
んじゃない？
なっ
奈々子ちゃんっ
なんとか
なるわ
大丈夫よ
きっと
あ、そうだわ
何か買っていく？
おまけするわよ
あっ
プルルルル…
え
えっと
じゃあ…
これだけ
お願いします
ありがとう～
プルルルル…
あなた
電話よ～
いま手が離せない
出てくれー

ちょっとごめんなさいね
大丈夫です！
パタパタ
？
奈々子ちゃん？
サササッ
……
どうぞご試食ください
お待たせしてごめんなさい いまお会計するわね
あっはいっ
パク

ありがとうございました！
ねえ さっき何やってたの？
ラスクーもらったよ〜 あとでー食べよー
んー ちょっとね…
後日
おや
また来てくれたのか奈々子ちゃん
そうなの
でもさっきからパンの配置が気になるみたいで…
？
サッ
サッ

この間
あたしが来た後
どうだった？
そうね…
覚えてないけど
いつもより少し
売れ残りは
少なかったかも
よねぇ、
そうだな
え？
商品は
バラついてると
よくないよ
こんなふうに密集させたほうが
目線があちこちにいかなくて
お客さんが手を伸ばしやすいの
Before
え〜そうなの？
それにお客さんは
手前から取っていくんだから
奥にあるものはどんどん
前に出さなきゃ
Gyu!

あと 商品は背の順に並べたほうがいいよ
…何か違うの？
いいから しばらく試してみて
それから試食のポップこっちに変えてみていい？
手作りのやさしい甘さ！
お試しくださ
いいけど……
オレンジジュースのクエン酸で疲労回復
カルシウムをとりましょう
ゴマの力で
他にもいろいろつくってきたから
これを目線の高さに合わせて貼って…

月末の日曜日――
わい
お坊さんの声
面白くなかった？
オレ笑いそうになった
コラ光
お酒追加
します～？
ガヤ
あーじゃあ
ビール２本と
日本酒３本
ぬる燗でー
ガヤ
わい
――へえ
奈々子ちゃん
セブン-イレブンで
バイトしてるんだ
うん
陳列のコツも
そこで教わったんだ
商品は思わず手に取って
確かめたくなるように
並べないといけない
散在してると
残り物に見えて
見た目が寂しいから
お客さんの気持ちも
盛り上がらないんだ
って
バイトの
先輩が

へ～
試食コーナーをつくるのはいいけどただ「食べてください」じゃダメだよ
どんな味かな?って興味を持ってもらえるようにしないと
なるほどそれであの文言か
「やさしい味」とか「クセになる味」とかにすれば、それを見た人が「どんな味なの?」って確かめたくなるでしょ?
物を売るっていうのはさ
いかにお客さんをその気にさせるかっていう心理学なんだから
もちろん声をかけておすすめするのも大事だけど
へ～!
……
ぜんぶ受け売りだけど

奈々子ちゃん すいぶん成長した みたいじゃないか
バイト程度の 受け売りで 経営に口出し するなんて
学生の仕事は 勉強だろうが
フ…
いやいや わかってないのは 兄さんかもしれないよ
なに？
会社を持ってる 俺から見たって なかなかいまのは 的確だぜ？
ふ〜む
ちょっとしたことで 違うものなんだな〜
志村《しむら》 正敏《まさとし》
博文の弟。奈々子の叔父。
中古車販売の会社を経営
ええ 奈々子ちゃんの 言う通りにした おかげで
夕方には 売り切れる商品も 出るように なったんだもの ありがたいわ〜
…ほら 聞いてみなよ
えっ？

売り切れをそのままにしてるの？
だめなの？
だめだよ！機会ロスじゃない！
…機会ロス？
…これはあたしの失敗談なんだけど…
……60点？

売り切れは60点ってどういうことですか？
あそこを見てみろ
えーじゃがポテトのチーズ味売り切れかよー
違うコンビニ行こうぜ！
あ…
完売するというのは売り手の満足でしかない
お客様には不満足でしかないんだ
君があの子たちの立場だったらどう思う？
……
「せっかく足を運んだのに」という損した気持ちしか残らないんじゃないか？

お客様を無駄足で帰らせてしまったというのは
売る側にとってはミスでしかないんだよ
はい……
機会ロスと廃棄ロスのバランスの話ですね
!
広瀬さん
お菓子には廃棄ロスはほとんどないけど
弁当や惣菜は消費期限が切れたら廃棄しないといけない
これが廃棄ロス
逆に売り切れた後でその商品を買いたいという人が10人お店に来たら10人分の売上げを逃したことになるね
機会ロス
店頭にない
顧客のニーズ
廃棄ロス
これが機会ロス
手にできていたはずの売上げを逃したんだからこれもマイナスと考えるべきなんだ

売り切れはマイナス…
もしこんな売り切れが続いたら、お客さんは「どうせあそこには置いてないよな」と来てくれなくなってしまうよね
来てくれたお客さんに「いま、ここで」買ってもらえるために工夫しないといけないんだ
着がえてきまーす
…だから
廃棄ロスと機会ロスを最小限にするように売る数を考えて調整していかないといけないの
売り切れってお客さんとの信頼関係にヒビを入れる出来事なんだから
売り切れが起きないようにかといって売れ残りがなるべく少なくなるようにってことか…
つまり正解は……

閉店前に1個売れ残るだね
難しいのは昨日売れたからといって明日もその商品が売れるとは限らないってことだ
「先週は売れた」「毎月上旬によく売れる」みたいなパターンがあったとしても、それは過去の知識でしかない
「昨日の顧客に売る」のではなく「明日の顧客に売る」という意識がないといけないってところだな
あたしがバイトで言われたことと同じだ…
例えば今日は午後からにわか雨だったからビニール傘が売れたとしても明日同じように売れるかはわからないだろ？
すべての商品についてそういうふうに考えないといけないってこと
なんだか難しいわねえ…

経営学だよ
経営学？
そう奈々子ちゃんがやっているのは立派な経営学さ
ビジネスでいかに業績を伸ばすか、その知識と実践なんだから
あっヤバ あたしお父さんの前でバイトの話……
今更だけど
学校じゃ教えてくれないし受験勉強でも身につかないけど
社会に出たらよっぽど役立つ考え方だと思うよ
へえ～なんだか正敏さんが言うと説得力があるわねー
なあ兄さん
まあ…
お前が言うなら…
！
お父さんが認めてくれた…？
すごいわー
奈々子ちゃん！

Stage 2

「うまくいった」が買い手には不満なこともある

顧客から見れば「完売」は不都合でしかない

発注を担当すると、すぐ悩ましい問題にぶつかる。それが2つの損失のバランス。1つは売れ残った商品の廃棄で生じる損失（廃棄ロス）。もう1つは商品の発注が少なすぎて売上げを逃す損失（機会ロス）だ。

廃棄ロスは物理的に目に見えるし、仕入価格から損失金額も計算できてしまう。一方で、「本当はあとどれだけ売れたのか」という機会ロスはわかりづらい。そのため多くの場合、経営者は、廃棄ロスばかりを気にかけてしまいがち。だから、廃棄ロスがゼロとなる「完売」だと万々歳となるお店は多い。

だが、セブン-イレブンの考え方は違う。完売は顧客にとって、その商品を買えないことを意味する。顧客は別の店に商品を探しに行くか、購入を諦《あきら》めるしかない。こうした顧客の失望が続けば、やがてセブン-イレブンに来店しなくなってしまう。だから、このような売り手の満足は、顧客にとっては不満足だと考える必要があるわけだ。セブン-イレブンが目指すのは、廃棄ロスではなく機会ロスの最小化である。

機会ロスを最小化するには、「売れ筋商品」を店頭に並べることが大切。売れ筋とは、顧客のニーズに合うもので、今後の売上げが見込める商品のことをいう。店舗の狭いコンビニでは、こうした売れ筋商品と顧客のニーズが離れた「死に筋商品」の見極めは特に重要だ。

モノを売るのは心理学だ

この見極めに販売データは使えない。販売データは過去の売れ筋であり、いわば「昨日の顧客」の話。考えるべきは、明日以降に来店する顧客、つまり「明日の顧客」のニーズだ。それはデータベースではなく顧客の心の中にある。そして、心の中にあるニーズは顧客自身も気づいていないことがある。

だから、陳列の仕方ひとつでも売れ行きは変えられる。例えば、リンゴを売りたいなら、陳列棚を大きく使ったほうがよい。顧客が心の中にある「リンゴを食べたい」という欲求に気づきやすくなるからだ。

商売の専門学は経営学や経済学、という認識ではもう古い。顧客をつかむ心理学の視点も必要なのだ。

商品には売れ筋と死に筋がある

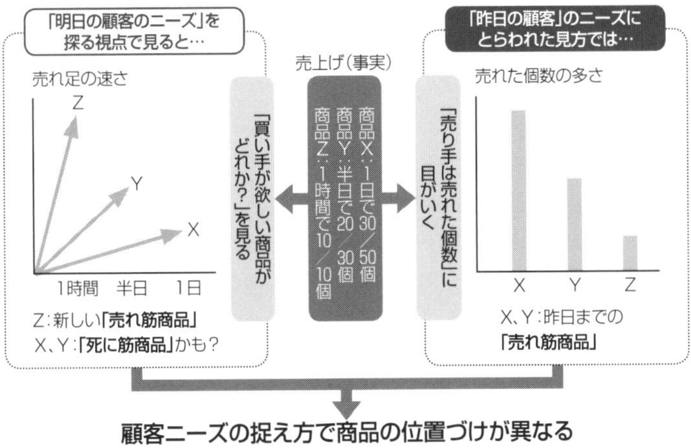

「明日の顧客のニーズ」を探る視点で見ると…
売れ足の速さ
Z
Y
X
1時間　半日　1日
Z：新しい「売れ筋商品」
X、Y：「死に筋商品」かも？
「買い手が欲しい商品がどれか？」を見る
売上げ（事実）
商品X：1日で30／50個
商品Y：半日で20／30個
商品Z：1時間で10／10個
「売り手は売れた個数」に目がいく
「昨日の顧客」のニーズにとらわれた見方では…
売れた個数の多さ
X　Y　Z
X、Y：昨日までの「売れ筋商品」
顧客ニーズの捉え方で商品の位置づけが異なる

COLUMN 2

「自分の正しさ」を検証する仕組みを自分の中に持つ

40年前、鈴木敏文氏がセブン-イレブンを日本で創業したとき、多くの学者や専門家だけでなく、社内からも「無理だ」と反対された。当時はスーパーマーケットが増える一方で、小型店舗が次々と閉鎖に追い込まれていたからだ。だが、鈴木氏は「コンビニなら大型店と共存共栄できる」と仮説を立てたという。

では、どうしたら鈴木氏のように仮説を立てて行動できるのか。鈴木氏によれば、一番やってはいけないのが、過去の体験を基にした発想だという。日本人の多くは、何か力をつけようとすると、つい過去の成功体験にならってしまう。例えば、商品開発を任せられると、まず、過去の成功事例を研究する。

だが、それは結局、誰かがした過去の経験の積み重ねをもう一度なぞる作業。新しいものは過去の経験からは生まれない。新しい仕事をするときは、仮説を立てることが必要なのだ。

自信を持って仮説を立てられるようになるには、「自分の正しさ」を検証する仕組みを自分の中に持つことが重要だ。何かを思いつき仮説を立てたら、頭の中でシミュレーションしてみる。そのコツは、自分を「もう一人の自分」から見るように意識すること。例えば、発注するときは、「自分はこんな品揃えの店で買いたいだろうか」と顧客の気持ちもイメージする。

このような力に年齢や身分は関係ない。高校生も元営業部長も同じようにできる。もし仕事や毎日の生活がつまらないと感じたら、それを変えるように、仮説を立てて挑戦をしてみよう。

自分で仮説を立てるという挑戦をしてこそ、新しい価値ある商品が店頭に並ぶ。これがセブン-イレブン流の考え方だ。

Chapter

3

新しい商品を開発するための原動力とは？

―― 商品開発力 ――

仕事の価値は、矛盾を両立させたところに生まれる。「安くて（安いのに）おいしい」はその典型だ。誰もができることではないから当然、難しいし、前例はない。だがそこで諦めるのか、「だから」挑戦するのか。意気込みの違いは成果に大きな差をつける。

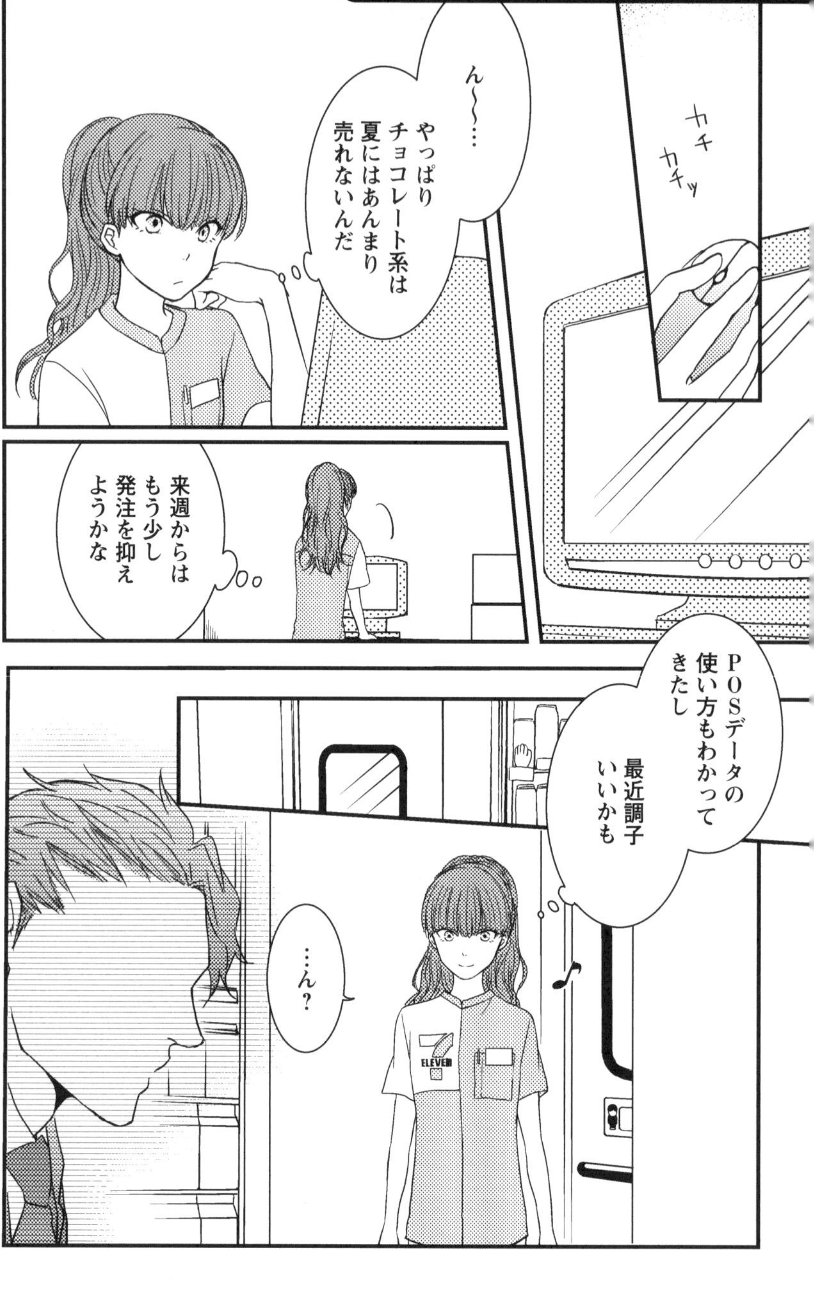
カチ
カチッ
ん〜〜……
やっぱり
チョコレート系は
夏にはあんまり
売れないんだ
来週からは
もう少し
発注を抑え
ようかな
POSデータの
使い方もわかって
きたし
最近調子
いいかも
…ん？

うーん…
…どうか しましたか？
どうって… どうしてこんなに チョコ菓子系の スペースが 小さいんだ？
これはセブン-イレブンの オリジナル商品だから できればもっと 推してほしいんだけどなあ…
は…？

そんなこと…言われても困ります
大体あなた誰――…
ペコ
え…？
ははは
志村は初めてだったな
本部から来てくれている店舗経営相談員の鳳さんだ
鳳《おおとり》　福志《ふくし》
店舗経営相談員（ＯＦＣ）

担当エリアが変わって、今週からうちを回ってくれることになったんだよ
店舗確認表を通して売場のアドバイスもしてもらうんだ指摘された所はちゃんと確認してね
そ…そうだったんですか
すみません…
構わないよ
それよりさっきの話考えてみてね
チョコの件。
でもこれからどんどん暑くなるとチョコはもっと売れにくくなるんですけど…
それは君の思い込みかも知れないぞ暑いからチョコは売れない…
本当にそうなのかな？お客様の立場に立ってもう一度考えてごらん
工夫してみるんだ
また無茶振り…
むぅ

もちろんPOSデータの活用は大事なことだけどさ
「明日の顧客に売る」というのは　そうやってデータを使って〝先を読む〟ことだけにとどまらない
顧客ニーズに変化を起こしてこちらから売れ筋をつくっていく
それも現場では大切な発想なんだよ

で
七海オーナー
人件費のこと
なんですけど…
……
翌日
某県庁
財務局財政課――
……と
いうことで

税金に対する関心が高いいま
ふるさと納税のPRに力を入れていくことになった
うちの県はふるさと納税の金額ランキングだと全国でもかなり下のほうですからね…
そこでだ
君たちには近隣の中学高校を回ってもらってPRのプレゼンをしてほしいんだ
割り振りはいま配っている紙にまとめたから
家で家族との話題にしてもらったり
将来地元を離れて仕事を始めたときに思い出してもらうために
…ですか
プレゼン方法としては普通に考えれば授業の一環として体育館や講堂で話をさせてもらうとかですかね

でもただボードを見せてしゃべるっていうんじゃ関心を持ってもらうのは難しいんじゃないですか？
記憶にも残らないだろうし…
確かにな…
あっ そうだ
うちのご当地キャラ〝ぷなもん〟とのコント仕立てにするってのはどうです？
ぷなもん
あっそれ面白そう
いいんじゃないか？
賛成です
い いやあの…

それならば
プレゼンも若い者で
やったほうがいいのでは？
私はそういうの
やったことないんで…
いやいや
志村さんみたいに
堅そうな人が
弾けるから
面白いんじゃ
ないですか！
ギャップって
やつですよ！
県政にも親しみ
持ってもらえますし
うむ
その流れで
検討するか
君高校生の
娘さんが
いたろ？
は
はあ…
ちょうどいい
志村君には
女子高を中心に
回ってもらおう
……

…そんなわけで
お父さんいますごく困ってるんですって
ゲラゲラ
そっそりゃお父さんのキャラじゃなあ…あはははは！
……
お父さんがぷなもんと…あはははは!!
人前で話すのも苦手な人だからねえ…
明日訪問先の女子高の生徒会と打ち合わせなんですって
結婚式で頼まれたスピーチでもカチコチだったものお父さん…
学校と協力してPRすること自体お父さんの職場では初めてのことだそうよ
……

なるほどそりゃ大変だぁ
あはははは
光 笑いすぎよ
ボソ…
…お役所って感じだよね
…ん？
前例があるからやるとか経験してないからできないとか…
そういうのばっかりじゃ新しいことなんて何もできないじゃん
難しいからこそなおさらやってみる価値があるのに
ピク…
そうしないと自分自身の可能性だって開けないし
顧客や市場との新しい関係づくりもできないよ
知ったふうなことを…

しかし…
奈々子ちゃん
結構的確だぜ
……
って話を
こないだバイト先に来た
本部の人が言ってた
なあんだ～
顧客とか市場とか
姉ちゃん大人って
感心したのに
うるさい
わよ
「自分が何をやりたいか」
じゃなくて
「お客さんは何がほしいのか」
で考えなさいって
私はただの
バイトだけど…

どんな仕事でも多分そうなんじゃないのかな
……
そっそれに税金の話ってもともと堅苦しそうじゃん
だから若い人に教えてもらうほうがいいって人もいると思うけどさ
私だったらいろいろ詳しそうな年配の人の話のほうが説得力があるって気がするな
ねっ！お母さん！
あらあら
…なんて
お父さんにはえらそうに言ったけど…

…で チョコの売上げを 伸ばさないと いけなくて…
…確かに
本当のニーズは お客さんも気づいて ないってことが多い っていうしなあ
?
だから 認識してないニーズに 気づかせてあげる っていうのが大事なんだ
例えば 奈々子ちゃん
冷やし中華って いつの食べ物だと 思う?
えっそりゃ夏 …じゃないですか?
それが セブン-イレブンでは 冬でも売れるん だよね
えっ

「冬でも暖かい日なら食べたいと感じる人もいるのでは？」って考えた人が発注を始めたことがきっかけらしいけど
「夏の食べ物」っていう過去のデータと経験則に頼って「できる」「できない」って決めてるだけじゃ気づかなかったことだよね
新しい売り方まで考えなきゃいけないんだ…
「どれが売れたんだろう？」って売る側の目線じゃなくて
「どれが一番欲しかったんだろう？」って買う側の目線で考える
そういう物の見方をすることがコツだそうだよ
ま 俺もまだまだだけどね～

冬でも
冷やし中華が食べたい
ときがある…
夏でもチョコが
食べたくなる
ときって…?
後日——
いや〜志村さん
すごいですよ!
めちゃくちゃ
ウケてましたよ!
…そう…
ぜー
ぜー

正直志村さんがあんなにはっちゃけてくれるって思ってなかったです！
オレ中でスゲー変わってましたもん！
なんか吹っ切れたみたいでよかったですよ！
もうあまり思い出したくないが……
アンケート結果も「飽きずに最後まで聞けた」「税金に興味が出た」…
大成功じゃないですか！
…娘に…
「自分ができるかどうかじゃなく、お客が見たいものを考えろ」と言われてな…
おぉ
いいお嬢さんですね！
！
…あああ……
生徒会でーす
お疲れさまでーす！

コーヒーご用意したんで少し休んでいってください！
コンビニのですけど…
あっコレセブンのじゃん美味いよねー
これできてから俺コーヒーショップ行かなくなったよ
安いし美味くてさー
…セブンカフェってあるじゃん？
あれ2013年の1月に登場して1年で4億5千万杯以上売れたらしいよ
でも1杯ずつこのおいしさで淹れられるドリップ式のコーヒーマシンがないから開発だけで1年かかったんだって
……
わいーわいー
お話面白かったです～
…前例がないからやってみる
…か…

Stage 3

挑戦は「顧客の立場で」やらないと失敗する

「顧客の立場で」と「顧客のために」はまったく違う

セブン‐イレブンで徹底されているのが「顧客の立場」で考えること。その一方で、「顧客のために」という言葉はNGワードだ。似た言葉だが、その裏にある想いがまったく異なるからだ。

「顧客のために」という発想には、押しつけや決めつけがある。例えるなら、川の向こう岸にいる相手（顧客）にボールのパスを出すイメージに近い（左ページ図）。こちらからは、向こう岸の状況を直接感じることはできない。ボールをいま相手が立っているところに投げたとしても、パスが届くときに、その相手がその場所にいるとは限らない。顧客のために出したボールが誰にも届かないということもありえるのだ。

一方、「顧客の立場で」は、井戸を掘って地下に眠る水脈を目指すイメージに近い。自分のニーズを掘り下げることで、顧客にも必要なものの水脈を目指す。つまり、顧客と同じ立場で欲しいものを探すのだ。

もちろん「顧客の立場で」考えて失敗することもある。だから、セブン‐イレブンでは、仮説に基づく発注→POS（販売時点情報管理）で、検証作業を繰り返す。その結果、思わず手が伸びる商品が店頭に並ぶようになっていくのだ。

顧客も気づいていない潜在ニーズを探す

セブン‐イレブンでは、毎週約１００品目の商品が入れ替わる。売り手には大変な手間だが、顧客の期待度は一定ではなく常に高まるもの。顧客の立場で考えれば、新商品を常に準備するのは当たり前だ。

新商品の開発のやり方も、「顧客の立場で」考える。大ヒットしたセブンカフェは、開発担当者が「自分が毎日飲みたいコーヒー」の質を追求して生まれたという。「顧客のために」と考えると、価格ばかりに目がいくが、「顧客の立場で」品質にこだわる。だから今までにないものを提供して、顧客ニーズをリードできるのだ。

おにぎりは、商品化した当初、各店舗で1日に数個しか売れなかったという。それでも徹底して商品を育てる努力を続けた。それが今では、年間約19億個もの売上げを記録するセブン‐イレブンの主力商品となったのだ。

「顧客志向」の2つのモデル

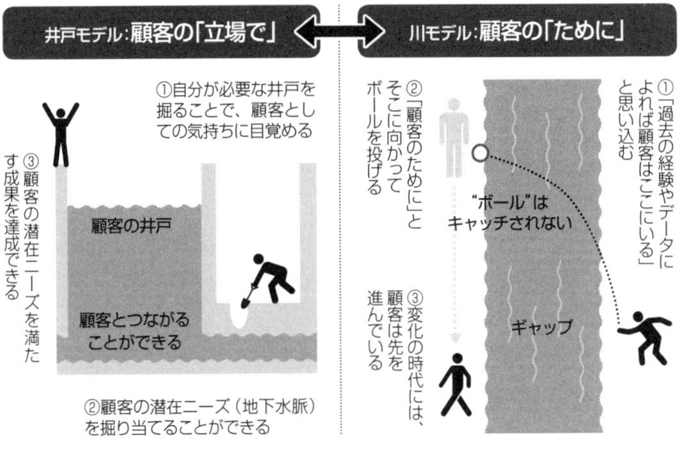

井戸モデル：顧客の「立場で」
川モデル：顧客の「ために」
①自分が必要な井戸を掘ることで、顧客としての気持ちに目覚める
顧客の井戸
顧客とつながることができる
②顧客の潜在ニーズ（地下水脈）を掘り当てることができる
③顧客の潜在ニーズを満たす成果を達成できる
①「過去の経験やデータによれば顧客はここにいる」と思い込む
②「顧客のために」とそこに向かってボールを投げる
"ボール"はキャッチされない
ギャップ
③変化の時代には、顧客は先を進んでいる

COLUMN 3

セブン-イレブンでは「変化への対応」をどう実践しているか

セブン-イレブンの本社ビルには「変化への対応と基本の徹底」というスローガンが掲げられている。

この「変化への対応――」は、一般に企業ビジョンと呼ばれる。ビジョンは、その会社にとって理想を実現するための基準。経営判断をするときに立ち返る原点ともいうべきものだ。

こうした企業ビジョンはほとんどの企業にある。ただそれが現場にも浸透するかどうかは別の話。立派なビジョンがあっても、現場の実践が伴っていないことは珍しくない。

セブン-イレブンでビジョンがうまく現場に浸透している理由は、「機会ロスの最小化」という日々実践すべき具体的な目標が設定されているから。この現場の目標は、「変化への対応――」というビジョンと現場の動きを連動させる役割を果たす。

これを「駆動目標※」という。駆動とは「動力を与えて動かすこと」。現場の一人ひとりを動かしてビジョンを達成するための日常的な目標のことだ。

さらにセブン-イレブンには、駆動目標を現場でより実践しやすいシステムがある。そのひとつが単品管理。単品管理とは、セブン-イレブンが生み出した商品管理の方法で、1品ごとに仮説に基づく発注を行い、それをPOSの販売情報で検証する。発注システム、生産体制、配送システム など、すべてがこの単品管理に対応している。商品を1品ごとに管理することで、顧客ニーズの変化への対応を迅速にできるのだ。

スローガン、駆動目標、そして単品管理。こうして理念と実践を連携させることが、「変化への対応」を実現する秘訣だ。

※経営学者である野中郁次郎氏（一橋大学名誉教授）の言葉

Chapter

4

上下関係を超えて人を動かすには?

―― チーム力とイノベーション ――

イノベーションは、チーム全体の知恵を結集したほうが達成しやすい。そこで大切なのは、メンバーのやる気を引き出し、やりがいを持たせること。ビジネスライクな関係にこだわらず、チーム一丸で問題に取り組む意識を共有するための方法が必要だ。

HOT
ICE
Ⓡ 100円
Ⓛ 150円
ICE Ⓡ 100円
ICE Ⓛ 180円
HOT Ⓡ 100円
チョコと一緒にコーヒーをどうぞ！
ありがとうございました～！
やった　また　チョコレートが　売れた！

やるじゃないか
え
ええまあ…
えへへ
コーヒーマシンの隣をチョコレート新商品の試食コーナーにして
チョコレートのコーナーにはセブンカフェの引換券を設置…か
HOT
Ⓡ
150円
HOT
Ⓚ
100円
ICE
Ⓛ
180円
新商品のチョコレートです
どうぞご試食ください！
コーヒーにもピッタリ
仕事中に冷房が効いた部屋でコーヒーを飲む人なら
チョコレートも一緒に食べたい人がいるかなと思って…
溶けないから…

うん
他のお店でも同じように考えて成功しているんだよ
自分で考えて試してみたところがいいな
鳳さん
どうだ？楽しいだろう？
こういう仕事のほうが
？
すべての売り方をオーナーさんが決めて発注は君たちに指示を出して済ませることも
この店舗の規模だったら不可能じゃない
でもそれじゃあオーナーさんはずっとそれに忙殺されて
店舗の経営者として新しいことを考える暇がない

それよりもいろんな人が「この店の売上げを伸ばす」というお店の共通の目標に積極的に関わること
そうしてそれぞれが知恵を出すから現場は多角的に成長していく
うちでは商品開発でも大事にされている発想なんだ
…任されるって面倒くさいって思ってたけど
そうとも限らないのね
ただいまー

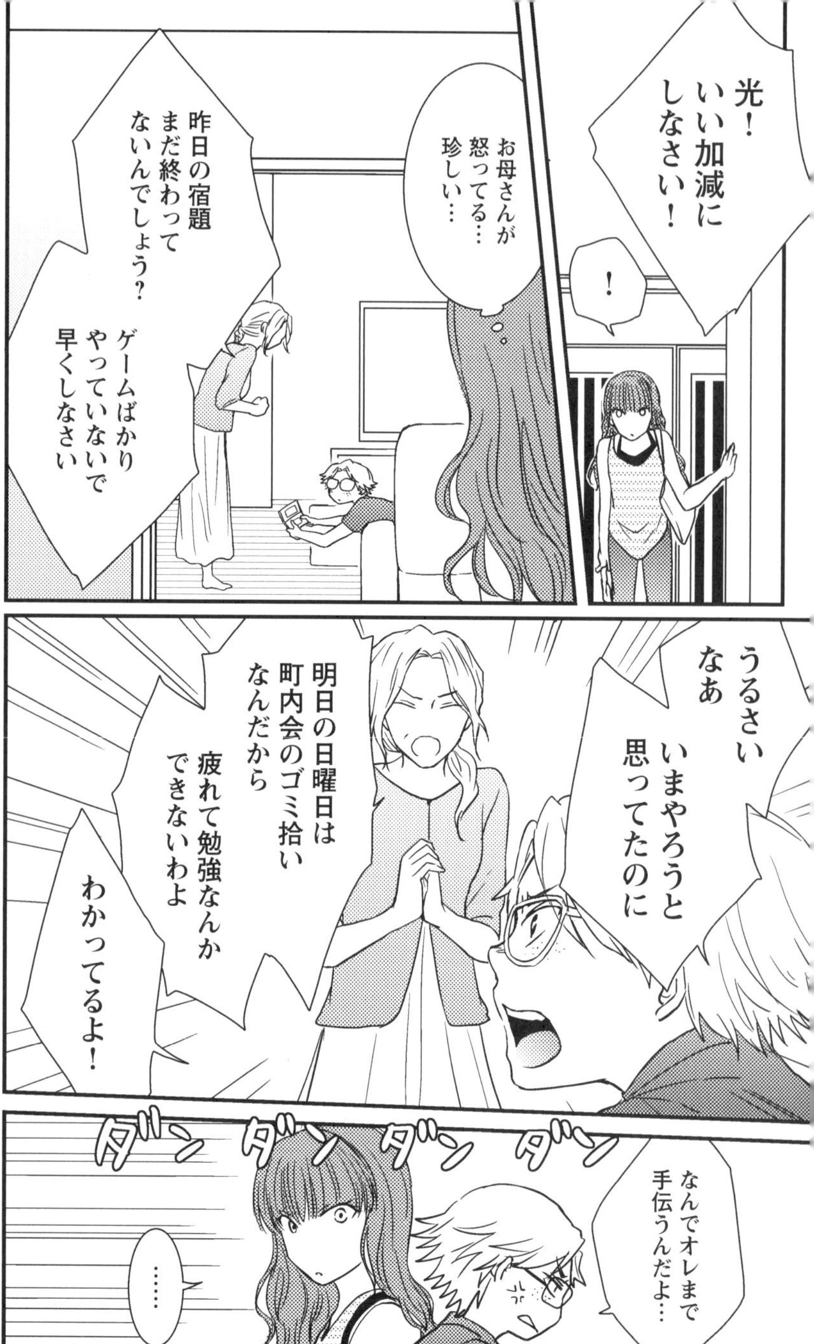
光！
いい加減にしなさい！
！
お母さんが怒ってる…珍しい…
昨日の宿題まだ終わってないんでしょう？
ゲームばかりやっていないで早くしなさい
うるさいなあ
いまやろうと思ってたのに
明日の日曜日は町内会のゴミ拾いなんだから
疲れて勉強なんかできないわよ
わかってるよ！
ダン　ダン　ダン　ダン
なんでオレまで手伝うんだよ…
……

あ
奈々子
おかえり
なさい
ただいま
奈々子も
明日お願いね
2人ともしばらく
参加していないから
お母さんご近所さんに
いろいろ言われて
困っちゃうのよ
それで
イライラ
してたんだ
はーい
HIKARU
あんた
勉強いいの？
ピコ
ピコ
あんな言い方されたら
やる気出るわけ
ねーじゃん！

お母さんも
わかってないよな～
……
翌日
では
2丁目の人は
ここからここまでの
ゴミ拾い、草むしりを
お願いしまーす
あーもー
だるー…
さっさと
終わらせて
帰ろうよ
痛っ…

あなた！
ゆ
指が
なに
どうしたの？
お父さん
転んじゃって…
手をついた拍子に
親指を痛めて
しまったみたい…
え〜〜
お父さん
ダッサ！
大丈夫？
折れていない
かしら
病院に
行かないと…
日曜日は休み
なんじゃない？
ただの捻挫だ…
とりあえず家で
湿布でも貼ってくる…
よろ…
一人で
大丈夫？

お父さん ぷなもんの講演で 筋肉痛だって 言ってたから、足元 フラついてたのかな
でもこれで ゴミ拾い サボれんじゃん
いいなー オレも 捻挫しよっかなー
バカ
もー めんどくさーい
早く 帰りた～い
テレビ 始まっちゃうよ～
ほら ちゃんと やんなさい
この袋持って！
わあ わあ
お前たちは ここからあそこまで ゴミ拾い！
いいね！

イヤー
帰るー
プイッ
もう…
ちゃんとやったら
後でアイス買って
あげるから
……
!
えー
でもー…
えー
すずみちゃん
いいなー
ママー
私もアイスー
だめ
うちは関係
ないでしょ
えー
やだー
さっさと
終わらそ
……

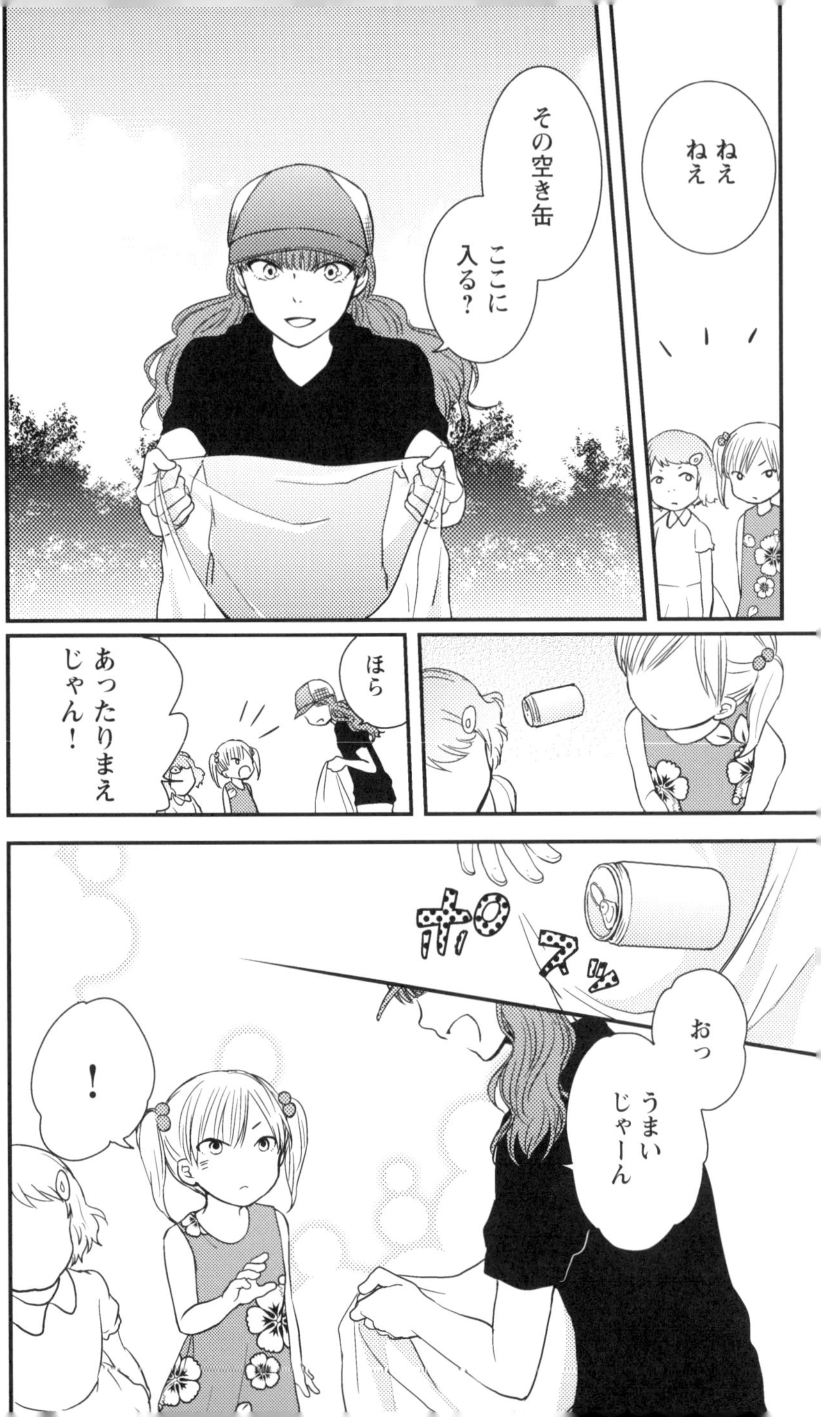
ねえ　ねえ
その空き缶　ここに入る？
ほら
あったりまえじゃん！
ポスッ
おっ　うまいじゃーん
！

じゃあ
あっちは？
ゴミ
ヨユー
だしっ
すごーい!!
じゃあ
次は…
待って、次は
私が
やるーーっ
なに
やってんの？
面白そー
オレもー
よし
じゃあ君たちも
この袋いっぱいに
ゴミを集めて
きてくれる？
うん!!
君たちは
じゃあ
草むしり
君は
ここから
ここ
君は
ここから
ここ…
最初に
終わった人が
勝ちね
誰が一番に
なるかな～
いくよ
よ～い…

ドン!
きゃああ
きゃっ きゃ
小さい雑草もちゃんと抜かなきゃダメだぞー
……
…姉ちゃんスゲー…
ウズ ウズ
よーしオレも…
燃えるゴミ部隊ついてこーい!!
きゃーーっっ

やるじゃん
クス
強制したり取引したり…
義務を感じさせるとそれだけ仕事はつまらなくなる
オレにつづけー
いかにその人なりの実力を自発的に引き出すか
それが大事なんだ
って鳳さんが言ってたのはこういうことなのね
……
ぽかーん…
なんだあれは？
随分盛り上がっているが
あ お父さん お帰りなさい
なんだかわからないけれど…またアルバイトで何か勉強してきたんじゃない？
あ、あたしもゴミ拾いしなきゃ
新しい袋もらいに行こう…

ねえ
あなた…
わが子の成長って
…いいものね
……
…そういえば
アイツのコンビニ
行ってないな…
ふふ
――へえ
やるね
ELEVEN

「ゴミ袋をいっぱいに」みたいに目標を具体的にしてあげたのもよかったのかな
はい
でもどの子もやる気出してくれて最後のほうは何も指示しなくても協力し合うようになってくれて嬉しかったです
ゴミ袋を配ったり
男子が女子を助けたり
なるほど暗黙知ってやつだ
?
目的が共有されると人は「その目標のために自分は何ができるのか?」を考えるようになる
役割分担や仕事の手順なんかが自然と決まってくることがあるって話

サッカーやバスケでアイコンタクトだけでパス回しするような感じかな
コン…
仕事でもそういうのって大事みたいだよ
へぇー！
……
…奈々子の奴
随分楽しそうに仕事をしているな
200円のお返しです
今日も暑いですねー
こちら商品です
あれ？メガネ替えました？

今日はジャケットなんですね！
そうなの〜 子どもの三者面談があって〜
…あんな表情
家では久しく見ていないな…
…頑張っているんだな
!!
?
〜〜〜〜…ッ
?

Stage 4

同じ目線で挑戦するから新たな成果が生まれる

挑戦できれば人は生きる実感を持てる

セブン‐イレブンで働くパートやアルバイトは全国で約32万人。時給700〜1000円前後をもらう彼らは、セブン‐イレブンを支える大切な戦力になっている。

多くの会社では、優れた人材を確保するには、高い給料が必要だと考える。だが、給料が高いだけでは人のやる気は持続しない。「給料分、働けばいいさ」と考える人もいるからだ。そこで、セブン‐イレブンでは、立場にかかわらず、関係者が同じ目線で問題に取り組める「場」を提供することを重視する。やらされるのではなく、自発的にやる。そういう意識で挑戦できれば、人は生きる実感を味わいながら、仕事に関わっていくようになる。結果、各人のパフォーマンスは大きく向上するのだ。

例えば、ある店舗で、発注担当者別に「田中飲料店」「鈴木生菓子店」「川崎惣菜店」などと、店内に担当者別の仮想商店街を設定したことがある。すると、アルバイトたちは、自分の〝店〟の品揃えや売り出し方にいっそう創意工夫をこらすようになり、店舗全体の売上げが向上した。マニュアルや過去の事例に囚《とら》われず、働く人全員が活躍できる場をつくろうとする姿勢が主体性を引き出し、最終的には成果に繋がるのだ。

メーカーとの関係は「取り引き」でなく「取り組み」

セブン-イレブンでは、おにぎりやサンドイッチをはじめ、店頭に並ぶ商品のうち半分がオリジナル商品。

オリジナル商品は、メーカーや業者との共同開発が不可欠だが、自社ブランドと競合する場合、メーカーは、メリットがなければ協力しない。

セブン-イレブンがメーカーと協力してオリジナル商品を次々開発できるのは、両者の関係を「取り引き」ではなく「取り組み」だと考えているから。企画をメーカーに丸投げせず、企業の垣根を越えて一緒に新商品を「共創」するという発想でメーカーを巻き込むのだ。例えば、素材や製法にこだわった「金の食パン」は、比較的値段が高いにもかかわらず、大人気となった。開発では何百回も試作をしたという。そこまで能動的にメーカーからの協力を得ることができるから、次々とヒット商品を開発できるのだ。

「場」を共有すれば「取り組み」(共創) が生まれる

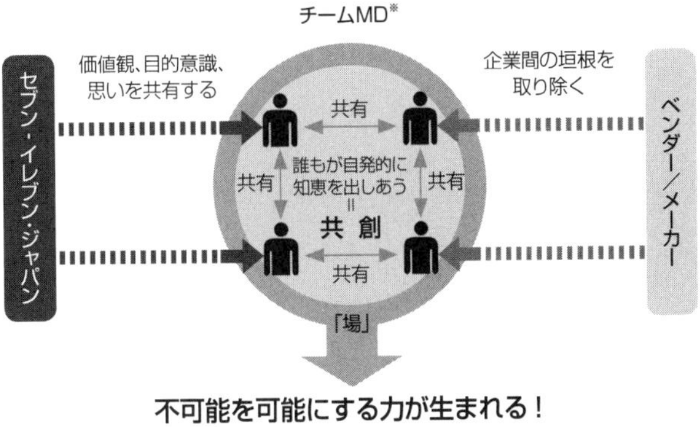

チームMD※
価値観、目的意識、思いを共有する
企業間の垣根を取り除く
セブン・イレブン・ジャパン
ベンダー／メーカー
共有
共有
共有
共有
誰もが自発的に知恵を出しあう
=
共創
「場」

不可能を可能にする力が生まれる!

チームMDに加わる企業を上下や支配・被支配の関係で位置づけるのではなく、価値観や目的意識、思いを共有する「場」に巻き込む。すると、誰もが当事者意識をもって共に問題に取り組む力が湧き上がる(=「共創」)

※MD…マーチャンダイジング

COLUMN 4

本家アメリカを日本流が再建した

セブン-イレブンの生まれはアメリカ。氷屋さんが顧客の要望に応えて、牛乳や卵の取り扱いを始めたのがきっかけだ。それをサウスランド社が1946年、朝7時から夜11時まで毎日営業するチェーンとして、営業時間にちなんでセブン-イレブンという名前にした。

日本にセブン-イレブンが誕生したのは1974年。鈴木氏がアメリカに出張した際に出会い、日本に導入することを決めた。

といっても、そのまま導入したものは、看板と会計システムだけ。商品、情報システム、物流システムなどは、日本のマーケットに対応するための革新から生まれたものだ。

1991年に本家のサウスランド社が倒産すると、要請を受けて、日本のセブン-イレブンは、その再建に乗り出した。

このとき変革のために鈴木氏が取り組んだのが、物流改革や単品管理手法の導入などであった。それまでアメリカでは、メーカーなどのセールスマンが定期的に店を訪問して、売れ行きに応じて商品を手配したり、陳列を行ったりしていた。鈴木氏は、これをパートタイムの社員に発注を分担させる方式に変えた。もちろん店側からは強い抵抗もあった。「パートタイムの人は意識も低い」と考えていたからだ。しかし、実際に発注の分担を任せてみると、彼らは自分が発注した商品の売れ行きが気になって、休みの日に店に電話をしてくるようになったという。

こうした手法が功を奏して、本家セブン-イレブンの再建は成功した。いまではその手法がハーバード大学のビジネススクールで事例研究として取り上げられるほどだ。

Chapter

5

顧客が“つい”利用してしまう秘訣とは?

── 接客という演出 ──

物があふれ、特にこだわりがなければ、どこで何を買ってもあまり大差ない現代、接客サービスによって親しみやすい雰囲気で店内を満たすことはことは、売上げアップのために特に重要な要素となっている。セブン-イレブンの取り組みを紹介しよう。

整形外
これでよし…と
きゅ.
捻挫はすぐ治療した方がいいですよ
痛みが引くかと思ったもので…
しばらくは不便だと思いますが我慢してください
出勤する前にコーヒーでも買っていくか…
いらっしゃいませー
BURGER

ホットコーヒー ひとつ
Mサイズで
かしこまりましたーっ
混んでいるな…
ずらっ
お待たせしましたー
750円のお返しですー
ありがとうございましたー
ガサッ
!
おっと…
ジャラッ

くっ…
あー大丈夫ですかー？
あああ…
次にお待ちのお客様ー
そーですか？
……
もや…
利き手が不自由というのは不便だな…
仕事仕事…
くそ…ペンも持ちづらい
ガリガリ
ってインク切れてるじゃないか！

イラ
イラ
イラ
イラ
……なに？なんか怒ってない？
帰ってきたときからあんな感じだったけど
役所で何かあったんじゃない？
ふーん…
そ それより姉ちゃんさあ相談があるんだけど…

なに？改まって
そ
そのさ～……
お
女の子って誕生日に何もらったら嬉しいのかな？
誕生日？
…はは～ん
好きな子がいるんだ？
ち
ちげーよ！
ただなんとなく、
…さ
ふ～ん
で？
その子とはどこまでいってるの？
ど
どこまで⁉

そういう意味じゃないわよ
一緒に遊びに行ったりくらいはしてるのかってこと
あっああ…いやわかってたけどね!?
えっと…クラスでしゃべる程度…かな
ええ?
……
あのねー
女の子と近づきたいならもっと先にやるべきことがあるでしょ
どうせまだ向こうはあんたのこと意識すらしてないんでしょう?
ぐ…
それはまあ…多分…
その子どんな髪型なの?
え?ス…ストレート…かな
肩にかかってるの?
前髪はどんな感じ?
耳は出てる?
えっ
えっ
え

そ…そんなの
覚えてねーよ！
あんたそれ
その子のこと全然
見てないって
ことじゃない
今日はその子の名前
何回呼んだ？
な
名前…？
呼んだっけ…
は－…
フレンドリーサービス
って言葉がある
んだけどさ
な
なんだよ急に
お客さんがその店を
好きになる理由って
何だろうってこと
SHOP
もちろん品揃えや
清潔さとかも
大事だけど…
セブン-イレブンでは
店舗経営の
基本4原則のひとつに
なってるんだから
？

お客さんの名前を呼んだり
服や来店時間でいつもと違うところがあったら挨拶のときひと言つけ加えたり
そうすることで「この人は自分を見てくれている」って思うからお店に親しみを持っていただけるの
どの店でも似たようなものが買えるなら感じのいいところで買いたいだろ
ってうちでも心がけるように言われてるよ
…？

脱線しすぎたかな
と
とにかく!
だからプレゼントを贈るとかそういうことよりもまず
相手をよく見て毎日声をかけてみなよってこと
!
それだけで絶対距離感が違ってくるから
そっか…
プレゼントが何だって?
光、おまえ宿題終わったのか?
!!

ぴゅ
っ
フン
まったく色気づきおって…
イラ
イラ
ってことがあってさあ
へ～ 光君もお年頃だね
いきなりプレゼントとかもらってもドン引きだしねー
止めて正解でしょ？
気持ちって相手に少しずつ伝えていかないと意味ないもんね

ニヤ
そういう奈々子ちゃんはどうなの?
? どうって?
サッカー部の本間君
!!
あ あたしはいいのっ!!
あははは
あ 伯父さんのパン屋さん また何か買っていこーよ!
マイペース…
へー なんか雰囲気少し変わった?
わーい
何買お～

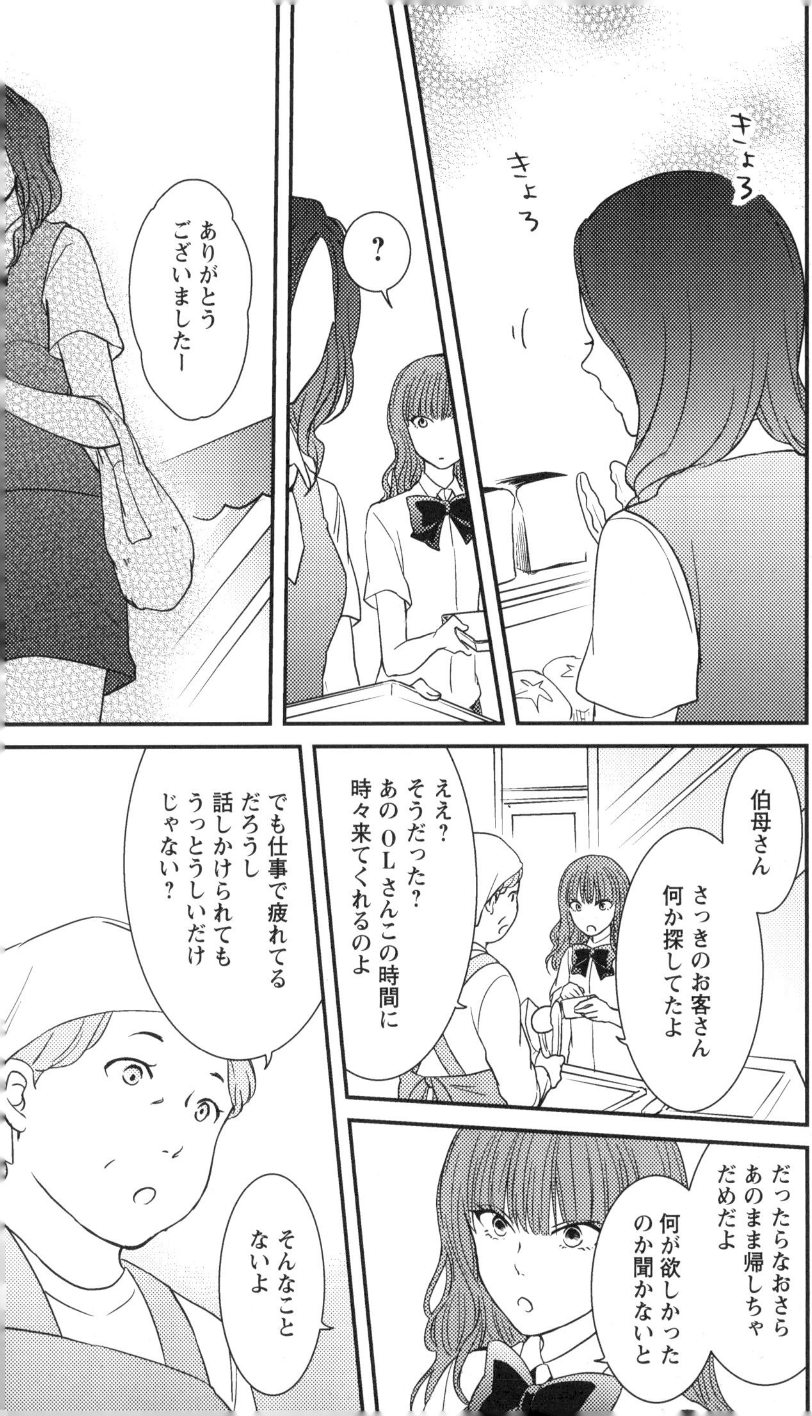
きょろ
きょろ
?
ありがとうございましたー
伯母さん
さっきのお客さん何か探してたよ
ええ? そうだった? あのOLさんこの時間に時々来てくれるのよ
だったらなおさらあのまま帰しちゃだめだよ
何が欲しかったのか聞かないと
でも仕事で疲れてるだろうし話しかけられてもうっとうしいだけじゃない?
そんなことないよ

会話ってお客さんのニーズを見つけるチャンスなんだから
前にこんなことがあってさ…
…あのおじいさんさっきから何か探してるなあ…
声…かけたほうがいいのかな
何かお探しですか？
！
雑誌の『文芸小説』がないかと思ったんだが…
ああ申し訳ございません売り切れてしまっていますね…
駅前の本屋も売り切れることが多くてな
あそこは遠くて行くのもひと苦労なんだよなあ…
ELEVEN

もしよかったら来月からお取り置きいたしましょうか？
本当かい？それは助かる！
で、そのお客さんときどきうちの店で買い物してくれるようになったんだ
なるほどねえー
いやー奈々子ちゃんのおかげでお店がいい感じに回っているよ
バイトなんてただのマニュアルだろう光も最近色気づいてきたし…全く
俺たちの中高時代といえばとにかく勉強だったのに

押しつけはよくないんじゃないか？
何を言う
俺はあいつらのために…
それは口実で
本当は自分の都合で叱ってるんじゃないか？
「俺の子はこうあるべき」と思うからそんな愚痴が出てくるんだよ
「子どものため」じゃなく子どもの立場に立って考えることも必要じゃないか？
相手の姿を決めつけるのはいわゆる〝顧客目線〟とは違うんじゃないか？
向こうだっていろんな気持ちを抱いているんだから
……
…って
いまの奈々子ちゃんだったらそう言うんじゃないかな？
接客ってのは要は人への心遣いだろ？
楽しくやっているなら応援してあげたら？
……

くそ…
いらっしゃいませー って
お父さん⁉
⁉
しまった ぼーっとしてたら 奈々子の バイト先に…
何も買わずに 帰るのも おかしいし…
そうだ、ペンが 切れていたから
162円 です
ギク
シャク
…
838円の お返しです
!
包帯を避けて 握りやすい 位置に——…
ありがとう ございましたー
心遣い… か…

フレンドリーさで「毎日、気になる」気持ちにさせる

挨拶と声かけはニーズ発掘、売上げアップにつながる

全国に約1万7000店あるセブン-イレブンの1店舗当たりの平均来客数は約千人。これを1年で計算すると、のべ60億人以上の人が利用していることになる。

これほどの顧客が来店するから、セブン-イレブンでは、当然、「接客」に力を入れている。「いらっしゃいませ」「ありがとうございます」といった挨拶はもちろん、売り場にいるときにも常にレジに目を配り、誰かが並びそうなら、即座にレジに戻る。常連客ならば「今までお仕事ですか」とさりげなく声をかける。

このようなフレンドリーな接客は、「基本4原則」の一角として、ますます重要視されており、新しいアルバイトは、「接客6大用語」を自然に言えるように徹底して教育される（左ページ図）。

まんが内のエピソードにもあったように、ある店舗では、雑誌売り場の前に立つ年配の顧客に声がけして、本の取り置きという新しいサービスを始めた。会話を通して顧客ニーズを発掘すれば、それに合わせて変化していくことができるのだ。会話を通した接客は、特に中高年層の取り込みで成果を上げている。実際、50歳以上のセブン-イレブンの利用率は10年前の22％から30％に増加している。

演出という積極的な「接客」が効果を生む

もっと積極的な「接客」を行う店舗もある。例えば、都内のある店舗で実施されたのが「カレー対決」。店内でカレーライスのサンプルとカレーパンを並べて販売した。顧客は店に入るとカレーの美味しい匂いに包まれる。弁当を買いに来た顧客は、カレーライスとカレーパンが目に入ると自然と手が伸びてしまうという仕掛けだ。

また、別の店舗では、「どっちのおにぎりショー」を企画。新商品のおにぎり2種類を用意して試食コーナーを設置。投票用紙を用意して食べ比べてもらった。

こんなふうにセブン-イレブンでは「好きになってもらいたい」という接客を心がける。すると、顧客の足も向くようになる。来店頻度が上がれば、どこの店にもある商品も買ってくれるようになる。コカ・コーラやアサヒスーパードライの販売量は、セブン-イレブンが日本一だ。

セブン-イレブンの"演出"の基本

基本4原則

- **品揃え**：顧客の欲しい商品を揃えること
- **鮮度管理**：常に新鮮な商品を揃えること
- **クリンネス**：清潔で気持ちのよい店舗にすること
- **フレンドリー・サービス**：感じのよい接客をすること
  →販売＝心理戦の現在、重要な演出の要素

接客6大用語

- 「いらっしゃいませ」（顧客が来店した）
- 「はい、かしこまりました」（何か用事を頼まれたとき）
- 「少々お待ちくださいませ」（少しでも待たせるようなとき）
- 「申し訳ございません」（商品がたまたまなかったり、言われたことに対応できなかったとき）
- 「ありがとうございました」（顧客が買い上げて退店するとき）
- 「またお越しくださいませ」（　〃　）

COLUMN 5

なぜセブン-イレブンは密集しているのか

セブン-イレブンで買い物をして歩き始めると、また別のセブン-イレブンがある。よく見ると通りの反対にも……。こんなふうに、近くにいくつもセブン-イレブンが密集していることがよくある。

だが実はこれは意図的。1つの地域に集中して出店するこの方法をドミナント戦略という。ドミナント戦略のメリットは、店舗同士の距離が近いと配送センターから商品を効率的に届けられることや、セブン-イレブンの専用工場を設置することができ、結果的に鮮度の高い商品を提供できることなどにある。

他にも大きなメリットは、一定地域に集中してお店があれば、認知度が上がることだ。セブン-イレブンを目にし、買い物をする回数が増えれば増えるほど、顧客はセブン-イレブンでの買い物に安心感を持つようになる。結果的に、他のコンビニやお店よりもセブン-イレブンに来店するという心理的効果が生まれる。データでもこれは証明されており、ある地域に1店舗だけ出店しても売上げが低いが、密集度がある程度高まると、急に店舗当たりの売上げが上がるという。

このドミナント戦略は、なんと40年前の1号店から始まっている。第1号店は東京・江東区の豊洲。その後しばらくは、店舗は江東区にしか出店されなかった。この戦略をセブン-イレブンは、創業当初から40年以上、かたくなに守っている。

2014年6月末現在、セブン-イレブンは全国に1万6664店だが、47都道府県のうち、店舗があるのは43都道府県。青森、鳥取、高知、沖縄県にはセブン-イレブンが1店舗もない。

Chapter 6

組織のメンバーの当事者意識を引き出すには?

―― 形式知と暗黙知 ――

経営の効率化のために従来の会議をテレビ会議に変えるなど、情報交換にITを活用している企業は多い。だが、それこそ大きな誤解だと、鈴木敏文氏なら言うだろう。会わなければ伝わらないものにこそ、人の力を引き出すエッセンスがあるからだ。

ヤバイ遅刻しそう！
いってきまーす！
うわヤベッ
もうそんな時間!?
オレも
出なきゃ
バタ
バタ
バタ
いってきまーす
毎朝
あわただしいな…
……

フ…
全く
あいつらときたら
まだまだ
子どもで
困ったものだな
ん

あれは…奈々子のアルバイトの…
今日もバイトじゃないか？
こんなところに放ったらかして…
後でまた着るなら洗濯が必要だろう
パサ
ただいまー

よーし　今日もバイト頑張ろう
♪～
新しい人も入ってきたし――…
一週間前――
新しくアルバイトで入ってくれることになった河合さんだ
他のコンビニでもアルバイトの経験があるそうだが…
志村さん
はは　い!?
基本業務の細かいところをサポートしてやってくれ
……!

はいっ！
あたしが人に仕事を教えるなんてね
むふふ
さー準備準備♡
——あれ？
おかーさーん あたしのバイト服どこー？
えー？ 知らないわよー

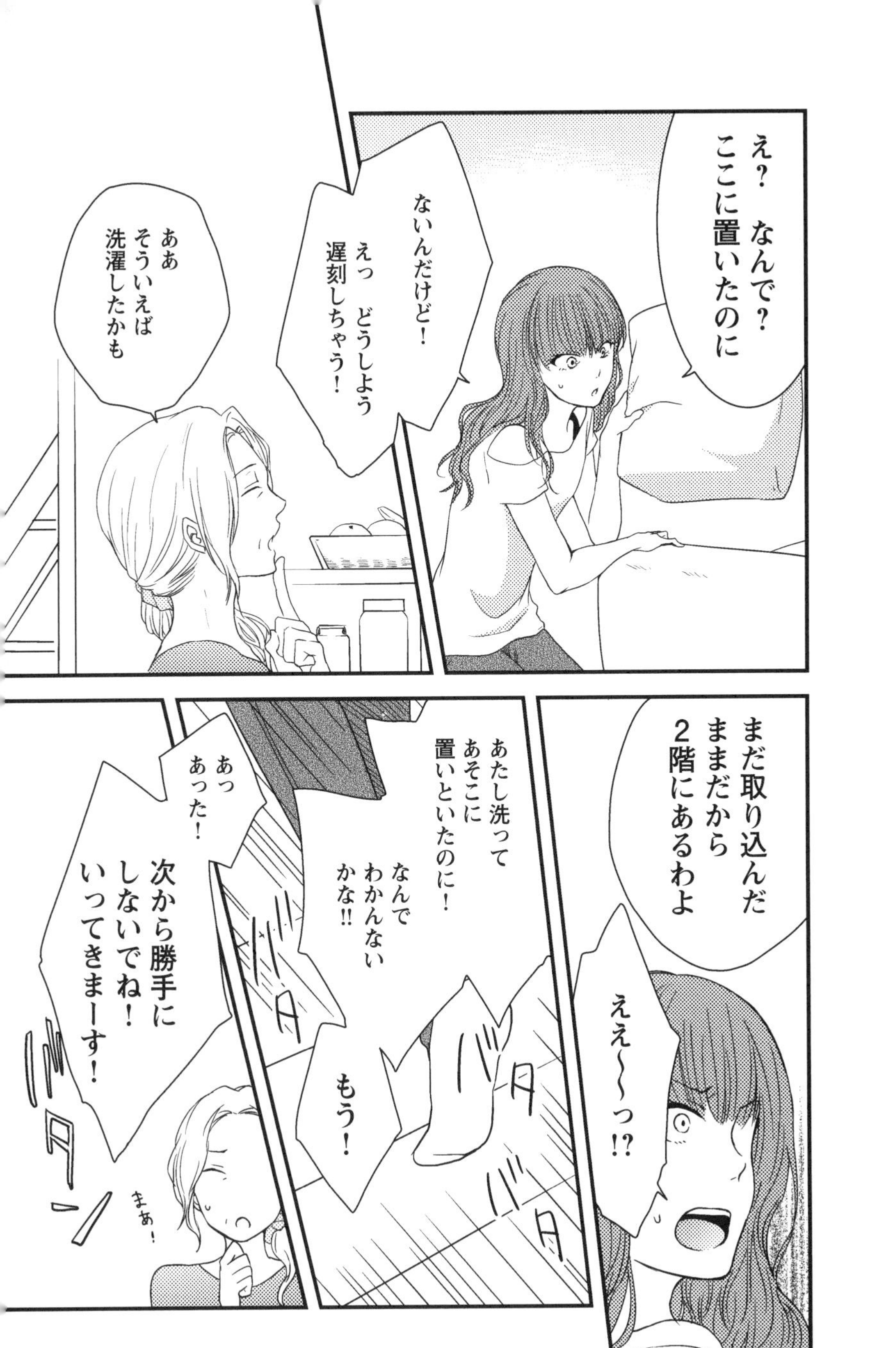

え？ なんで？
ここに置いたのに
ないんだけど！
えっ どうしよう
遅刻しちゃう！
ああ
そういえば
洗濯したかも
まだ取り込んだ
ままだから
2階にあるわよ
ええ〜〜っ!?
あたし洗って
あそこに
置いといたのに！
なんで
わかんない
かな!!
もう！
あっ
あった！
次から勝手に
しないでね！
いってきまーす！
まあ！

ふー
間に合った…
空のダンボール
あそこにまとめたの
誰だ？
通路が狭く
なるだろ
あっ 私です
すみません
あっちにいつも
まとめてる
から…
あれ？
あたしちゃんと
教えたけどな…
……
あ、鳳さん
待たせてすまないね
じゃあ中で
相談を——…

きょろ
きょろ
……
河合さん
手が空いてるときは
掃除しましょう
あっ
はい!
ほっ…
こういうとことか
汚れやすいから――…
ではまた来週
来ますので
よろしく
お願いします

あ
それから
品出しのときは併せて
商品の消費期限も
しっかりと見てね
レジでも鮮度チェック漏れの
ガードがかかるんだけど
お客さんを待たせることになるし
作業の効率も悪くなるから
慣れないうちは
指さし確認
するといいね
はい!
……
ちょっとこっち
来てくれる?
はい!
君…
志村さんさ
!
はい

河合さんにちゃんと仕事教えてる?
?
作業内容は教えてるつもりですけど…
それにしては細かいところで河合さん仕事の意味が伝わってないように見えるけど
?
でも経験者なんだしそこまで言わなくても…
ああ、それは違うよ
「話して伝える」ことの目的は相手に話すこと、じゃない
相手の行動を引き出すことが目的なんだ
君は「ちゃんと伝えている」と言うけど相手が行動しないのであればそれは伝わったことにならない
仕事内容を教える責任を果たしたことにならないんだよ

え…
知識には言葉やデータでほとんど伝わる「形式知」と
経験や感覚を通さなければ正しくは理解できない「暗黙知」があるけど…
暗黙知…この間広瀬さんが言ってたやつだ
仕事の意味や目的に関わる暗黙知は言葉の指示だけでは伝わらない
一緒に体験したり、具体的な業務内容には一見関係なく見える思いや理想、価値観なんかをきちんと伝えなければならないんだ
見てごらん

こう並べたほうがお客さんが取りやすいから――…
なるほど…
……
仕事に限らず「わかってるよね?」では伝わらないことって案外多いんだよ
夫婦の会話って2人にしかわからないことがあるだろう?
母さん 今日はあれ、あっちにしようかな
はいはい ネクタイは青がいいのね
仕事仲間ともそこまでわかり合えるのが理想だけど
そのためにはできるだけたくさんダイレクトなコミュニケーションを重ねるしかない

まとりあえず志村さんは相手の立場に立ってコミュニケーションするように心がけるといいんじゃないかな
相手の立場で考える…

ただいま
あ おかえりー
何読んでんの？
ん
高校受験案内
高校受験
高校受験…
光が進路ねえー…
コト
奈々子 今日のこと ごめんね
あの制服 洗濯済みだって 知らなかったから
お父さんが気を利かせて 洗濯カゴに 入れちゃったのよ
ゲ
お父さんが？

姉ちゃんとお父さんまたケンカすんじゃん
ハラ ハラ
お母さんも黙っときゃいいのにー…
す
すまなかったな
……
ヤベ～～まさに一触即発…
──あ
あたしがちゃんと言わなかったからだよね

き　気にしてくれるのは嬉しいんだけどさ
バイト服は自分で洗濯するから今度からはいいよ
じ　自分で決めたことだから甘えたくないし…
──…
…おまえ結構真剣にやってるんだな
！　べ　べつに…
プイ
め　珍しい…
ぽか～ん

「言葉では伝わらないもの」を伝える努力が必要

顔を突き合わせて想いを伝えるからやる気が湧く

セブン-イレブン会長の鈴木氏が創業からずっと続けているのがFC会議。全国各地のすべてのOFC（オペレーション・フィールド・カウンセラー）が参加する会議だ。OFCとは加盟店を回り、オーナーの経営相談を担当する社員たちだ。

FC会議にかかるコストは年間約30億円。多忙なOFCが隔週で東京に全員集まるのは、はっきり言って大変だ。ITが発達した現代なら、メールや電話会議で行ったほうが効率的ともいえる。

確かに、販売状況や数値目標など、言葉やデータで伝わる「形式知」の共有には、それで問題ないだろう。だが「暗黙知」の共有はできない。暗黙知とは、言葉で表現できない想いや価値観、経験からくる知恵やノウハウのこと。暗黙知をITを使ったコミュニケーションで共有することはかなり難しい。同じ場所に立たないと伝わらないものがあるからだ。FC会議には鈴木氏が毎回出席する。すると経営者の全身から発する気迫やコンビニのあるべき姿がOFCに伝わる。それを受け取ったOFCが、加盟店を回りオーナーと向き合う。こんなふうに暗黙知は伝わっていき、やる気が伝播《でんぱ》していくのだ。

店舗は暗黙知を共有する場である

暗黙知は顧客も持っている。例えば、お店に入るとき、誰にでも「何かいいものを見つけて満足したい」という気持ちがある。だが、そのコンビニへの期待を言葉ですべて伝えきるのは難しい。この表現できない期待が、顧客の暗黙知だ。

「顧客としての暗黙知」を、セブン-イレブンでは、オーナーからアルバイトに至るまで顧客の立場で意識させている。だから、夏に肉まん、冬に冷やし中華が食べたくなるときもあるという潜在ニーズにも気づいて、売上げに結びつけられるのだ。

顧客の暗黙知を取り込むセブン-イレブンの店舗は、単に商品が並ぶ場所ではなく、意味を感じる空間になっている。セブン-イレブンは、トップから現場まで、暗黙知の大切さを知っている組織なのだ。

「暗黙知」の共有が「場」をつくる

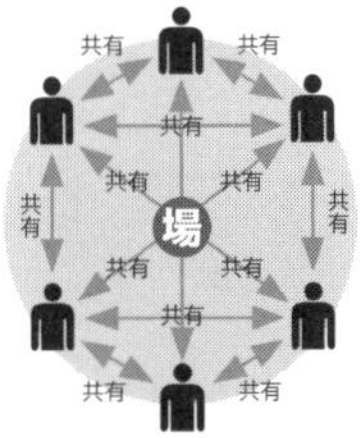
共有
場

「場」は、具体的な建物やサイバースペースなど、物理的に目に見えるものと、心理的な場とがある。心理的な場には、拠点はないが、そこに関わっている人々に、互いに価値観を共有しているという実感がある

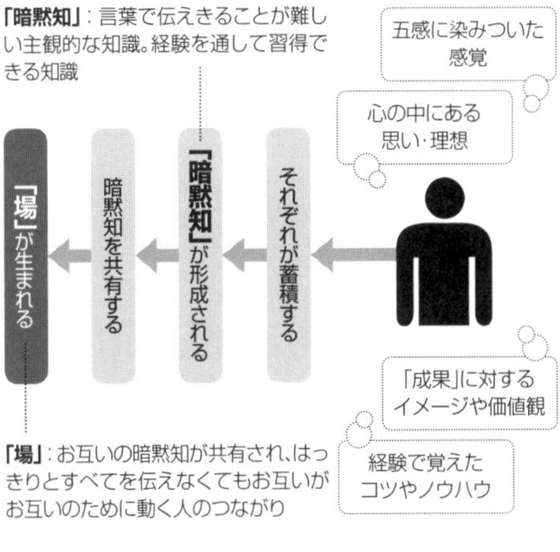
「暗黙知」：言葉で伝えきることが難しい主観的な知識。経験を通して習得できる知識
五感に染みついた感覚
心の中にある思い・理想
「成果」に対するイメージや価値観
経験で覚えたコツやノウハウ
それぞれが蓄積する
「暗黙知」が形成される
暗黙知を共有する
「場」が生まれる
「場」：お互いの暗黙知が共有され、はっきりとすべてを伝えなくてもお互いがお互いのために動く人のつながり

COLUMN 6

OFCには何が求められているのか?

セブン-イレブンの直営店の割合は、わずか3%。ほとんどがフランチャイズのお店だ。フランチャイズの場合、店舗のオーナーは、セブン-イレブンの看板を掲げるが、商品の発注や販売、人材確保などは自分で責任をもって行う、独立した経営者だ。

一方、セブン-イレブン本部(以下、本部)側は、広告宣伝やシステムのサポートのほか、店舗の経営相談を行う。この仕事の担当者はOFC(オペレーション・フィールド・カウンセラー)と呼ばれ、現在約2300人いる。本部の社員数は約6000人だから、約3分の1がOFCだ。

OFCは、1人当たり7〜8店舗を担当し、各店舗を毎週訪問する。その仕事は、オーナーとの経営相談、発注のアドバイスから店内体制づくりなど幅広い。

その中でも最大の役割は、オーナーとの対話だ。人間は世の中や他人については革新的なことを言うが、自分のことには保守的になるもの。ましてや、開店して10年以上のベテランや年輩のオーナーの場合には、変化に抵抗を覚える人もいる。

だがオーナーが「いままでどおり」に固執すれば、環境の変化や顧客ニーズの変化に対応できない。対話を通して、変化に柔軟な心理を引き出すことは、OFCの重要な役割だ。

セブン-イレブンでは、本部とオーナーは共存共栄を目指す対等な関係。そのため、OFCには、本部の意向を命令したり、オーナー店舗を監視する強制力はない。同じ目標を持ち、二人三脚で目標を達成しようという意欲がOFCに求められるのだ。

Chapter

7

本当のコミュニケーション能力とは？

―― 伝える力によるマネジメント ――

権限や立場を使って人を動かすことに慣れてはいけない。それでは部下や取引先から「この人のためにがんばろう」という気持ちを永遠に引き出せないからだ。より自主的に仕事にかかわってもらうには、相手の目線で考える想像力とやさしさが必要だ。

ダーン!!
とにかく!
そんな浮ついた理由で志望校を選ぶなんて認められん
そんな…
もっと近くて偏差値も近い公立校があるじゃない
…ただいまー
あ 奈々子 おかえり
何? 家族会議?
ドン
コラ光 待ちなさい!
光!
——…

邦仁《ほうにん》高校…
邦仁 高等学校
あんた邦仁に行きたいんだ?
まーな
……
落ち込んじゃって…
……
お父さんは時間かけて説得するしかないよ
だからさ
——って
え?

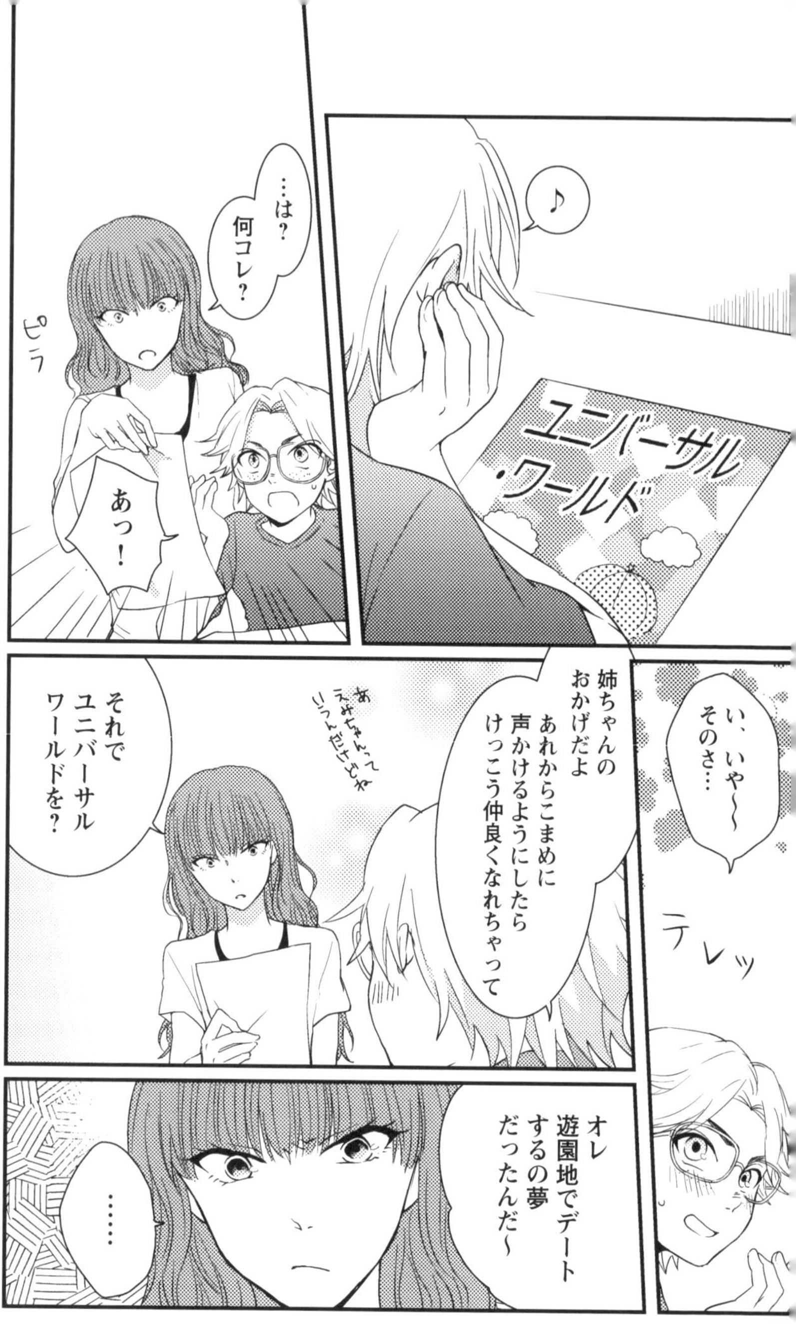
♪
ユニバーサル・ワールド
…は？
何コレ？
ピラ
あっ！
い、いや～
そのさ…
テレッ
姉ちゃんのおかげだよ
あれからこまめに声かけるようにしたら
けっこう仲良くなれちゃって
あ えみちゃんっていうんだけどね
それでユニバーサルワールドを？
オレ遊園地でデートするの夢だったんだ～
……

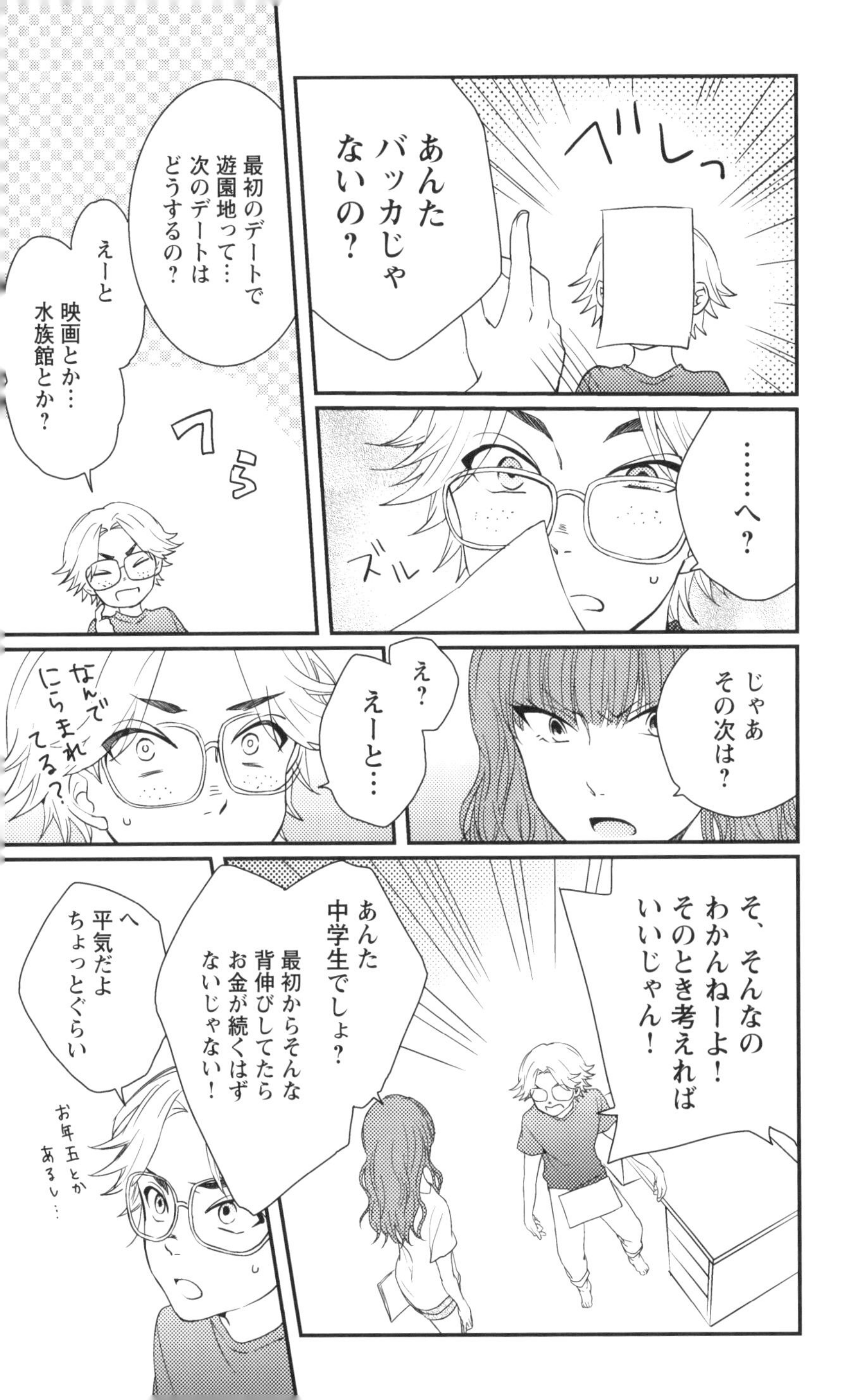
ベリしっ
あんたバッカじゃないの？
最初のデートで遊園地って…次のデートはどうするの？
えーと映画とか…水族館とか？
……へ？
ズル
じゃあその次は？
え？えーと…
なんでにらまれてる？
そ、そんなのわかんねーよ！そのとき考えればいいじゃん！
あんた中学生でしょ？最初からそんな背伸びしてたらお金が続くはずないじゃない！
へ平気だよちょっとぐらい
お年玉とかあるし…

相手の子はどうなのよ
一緒にお金使わせるの？
そ
それは…
相手だって中学生なのに最初からそんなに奮発されたらびっくりするよ
……
あんたその子とつきあいたいんでしょ？
え
あ
かあ
まぁ…
だったらそんな憧ればっか押しつけるんじゃなくて
「この人とならつきあっていけそう」って思ってもらうことのほうが大事じゃない
って言うと…？
いまのあんたが背伸びしないでできることを一緒に楽しんだらいいじゃん
自転車でどっか行くとか喫茶店でおしゃべりするとか

そうやって同じ目線で状況を楽しめれば成功よ
「全部こっちで準備して楽しませよう」なんて100年早いって
ま　その分あんたのコミュニケーション力が問われるけどね
…ちぇ
そんなこと言って姉ちゃんだってさあ…
ん？
サッカー部の本間さんだっけ？
その人にもいまの話使えばいいのに
は!?
何で知って…
あっ
そっそんなことより!!
思いっきり話そらしたな…

志望校の件
お父さんは何で
ダメだって？
ゲ
その話かよ…
いやさあ
――邦仁高校に
行きたい理由は何だ？
…制服がないし
校風も自由だって
いうしさ
ピク
あ、あと
修学旅行で
海外行くっていうし…
だめだ
話にならん

高校は来たるべき大学受験の大切な準備期間だぞ
そんな浮ついた理由で高い私立なんかに行かせられるか！
甘い話で生徒を集めようとしてるだけじゃないか！
なんでだよいいじゃん！
行きたいんだよ！
ふるふる
いかーん!!
どかーん
…ってな感じでさ
何でもかんでも頭ごなしで嫌んなるよ！
姉ちゃんもそう思うだろ!?

って…アレ?
……
…アンタってほんとにバカなの?
なっ なんでだよ
それでお父さんが認めてくれるってちょっとでも思ったの?
自分の都合で「あれがいい」「これがいい」しか言ってないじゃん
う…
お父さんの立場からしたら「こいつ、ちゃんと将来のこと考えてるのかな」って心配になるでしょ、そりゃ
オ オレだって考えてるよ
だったらそれをわかるように伝えないと
……っ

……
前に バイト先でさ
鳳さん ソフトドリンクの ケースずっと 眺めてる…
七海オーナー やっぱりソフトドリンクは 数を減らしましょうよ
新商品をどんどん 追加しているせいで 130アイテムにも なっています
中には既に取消しの案内が 出ている商品もありますし この売場だとお客様も 選びにくいと思いますよ
…またその話 ですか
うーん、でもどれも 売れてはいる んだよなあ

とりあえず現状で行ってみますよ
それより向こうのレイアウトで相談したいことが…
……
別の日の深夜――…
いらっしゃいませー
えっ姉ちゃん夜中にコンビニ行ったの⁉
お父さんに言いつけ…
勉強してお腹減ったの‼
しょーがないじゃん‼

ペコ
この時間ドリンクの品出しなんだ
オーナー見つめて何やってんだろ…？
ガタ
ゴト
キィ
え
※鳳さん⁉こんな時間に…
ーほら
この売れ筋商品が売り切れて似たような商品はすべて数本ずつ売れ残っています

※鳳はフレックスタイムで働いています

これは、欲しい商品がなくなってしまったから代替品が少量売れ続けている「機会ロス」の一現象なんです
90アイテムで管理している店舗では売れ筋商品にしぼることで売上げを伸ばしていますよ
そうか…
思い切って品数を減らしましょう 作業負担を軽減すれば品出しも短くなります。労働生産性も上がると思いませんか？
なるほど…
やってみる価値はありそうですね
はい！ ぜひ！
——結局
アイテムを減らしたほうが売上げも伸びたらしいんだけど——…ってそこはいいか
とにかくさ

鳳さんはオーナー目線で説得したから納得してもらえたってことよね
あんたもさもっとお父さんの視点から志望校のよさをわかってもらう努力をしたほうがいいんじゃないの？
……
今度学校説明会あるんじゃん どうするの？
お母さんと行くけど？
あ
――…
学校説明会当日――…

なんで姉ちゃんまで来るんだよ！
いーじゃん別に
お父さんは呼んだけど…
一家総出ですか…珍しいですね
案内の在校生
クス
わーなんかすみません
カァァ
──それにしても…
校則が少ないって聞いたけど…
みんな普通ですね
なんかもっとパンクな人とかいるのかと
うんその分自分の行動に責任を持つように言われてるから
修学旅行で海外に行くっていうのも遊びじゃないんですよ
！
現地の提携校の案内役の生徒と行きたい場所を決めたりするから準備が大変で…

英語で情報を集めたり向こうの生徒に質問したり…
「生の人間力が鍛えられる」なんて先生はいつも言ってますけどね
──…
お父さんどうかな
オレこういうところで勉強したいよ
…そうか
…まあ考えてみてもいいかもしれないな

Stage 7

相手目線の言葉が「この人とならやれる」を引き出す

どんなにデータがあっても人の能力には敵《かな》わない

セブン-イレブンは、膨大な販売情報を管理するために世界最先端のシステムを導入している。

しかも、セブン-イレブンが属するセブン&アイ・ホールディングスは、イトーヨーカ堂、そごう・西武、ロフトやデニーズなど、多業態を擁する大規模なグループ。グループで持つ情報は、他社では真似できない膨大な量になる。

だが、鈴木氏敏文氏によれば、セブン-イレブンの強さの源は、人の能力にあるのだという。そのひとつが、コミュニケーション能力。これは相手を説得するテクニックやスキルのことではない。話すことが下手でも相手と向き合い、一生懸命伝えることで、相手の行動を引き出すトータルな資質だ。

もうひとつは、新しいものをつくろうとする創造力。条件が整っていないなら、その条件を自分がつくればいい。「不可能だ」と言われたら、可能にする方法を考えればいい。それが、セブン-イレブンのDNAだ。

コミュニケーション能力と創造力。この2つは、どれほど大量のデータを有するコンピュータでも、人間に優ることはない。セブン-イレブンの強さの源泉だ。

「相手の景色」で物事を見る力を持つ

　コミュニケーション能力で重要なのは、相手の目線で状況を見ること。フランチャイズ制度を支えるＯＦＣには、アルバイトやパート従業員の経営参加意識を育てて戦力化するという重要な仕事があるが、このとき、上から目線で指導するようなコミュニケーションでは、主体的に動く人をつくることはできない。失敗して欲しくないからと、「ここはいい」「あれはダメ」と細かくチェックすると、人はたちまちやる気を失ってしまう。

　逆に、それぞれが自分で考え、行動してもらうことから、セブン-イレブンの現場は始まる。たとえ失敗しても学べばいい、という気持ちで、ＯＦＣは彼らの工夫に目を配り、売上げにどう反映されたかを見抜いて認める。

　このように、本人の目線で状況を見てアドバイスできるから、高校生でも戦力に育っていくのだ。

人を動かし、最大限に能力を引き出す５つの力

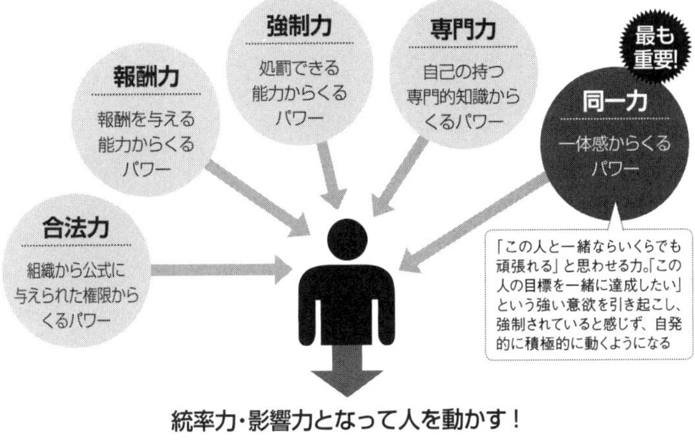
強制力
処罰できる能力からくるパワー
専門力
自己の持つ専門的知識からくるパワー
最も重要!
同一力
一体感からくるパワー
報酬力
報酬を与える能力からくるパワー
合法力
組織から公式に与えられた権限からくるパワー
「この人と一緒ならいくらでも頑張れる」と思わせる力。「この人の目標を一緒に達成したい」という強い意欲を引き起こし、強制されていると感じず、自発的に積極的に動くようになる
統率力・影響力となって人を動かす！

COLUMN 7

「上司」とは何をする人なのか?

セブン-イレブンではOFCから昇進すると、DM（ディストリクト・マネジャー）になる。DMは一般の会社でいえば課長クラス。10人前後のOFCを統括する。

セブン-イレブンでマネジャーに求められる資質は2つ。ひとつは、データの中から現場の問題点を引っ張り出すこと。意識を持って様々な数値を検証して、問題を発見する力だ。

もうひとつは、店舗に入ってパッと売り場を眺めるだけで問題点を見抜けること。五感を研ぎ澄ませて問題を直感する力だ。

言い換えれば、データの検証力と現場の直感力といえる。

DMの日常業務は、部下の仕事ぶりを把握することだ。OFCから来る業務日報と、POSデータからの各店舗の販売成績を確認し、必要なときには店舗に自ら出向く。そこで最も期待される成果は、部下の仕事のレベルアップ。例えば、2週間に1回開催されるFC会議では、OFC同士の成功事例の共有を図ったりしている。そこでのポイントは、成功事例を成功した本人に話させることだという。本人が話すと、対等な立場の他のOFCたちにも伝わりやすい。上司が手柄のように話すのではなく、水平に展開させたほうが「知のめぐり」がよくなるのだ。

成功事例を学んだOFCは、自分の店舗に事例を持ち帰る。このときも、上から指導するのではなく、できるだけOFC自身の自主性に任せる。他店の成功事例をOFCの「自分の言葉」でオーナーに紹介させるためだ。

“アタック”を決める主役はあくまでOFC。そのためにいい“トス”を上げるセッターが、セブン-イレブンでの理想の上司像だ。

Chapter

8

本当に価値ある仕事を生み出すには？

――リーダーシップ――

自分の仕事の意義を自分で見出せる人は強い。それができる人とできない人の違いは、「未来を見て仕事をしているかどうか」にある。それはリーダーには、特に欠かせない資質だ。最後に、セブン-イレブンが考えるトップの条件とは何か、を紹介しよう。

ガヤ
ガヤ
あーもう
最悪!!
またお父さんと
ケンカしたの?
あたしの
せいじゃ
ないよ
だってさ
聞いてよ
お父さんん
ってば
奈々子!!
この本間という男は
誰だ!!
!?
LINE画面
人のケータイ
勝手に見るなんて
サイテーじゃん!!

親だってありえなくない!?
あーそれはケンカするね
でしょ!?
ちゅる～
それで大ゲンカしてからここ最近また口うるさくなっちゃって
あー…
今日はなんで遅かったんだ!! バイトじゃないだろう!?
清美とごはん行ってたの!!!
せっかく最近いい感じだったのに
ほんとムカつくんだけど!!
志村さん荒れてるね
あケンちゃん

清美 ちょっと借りて いいかな?
……
どおぞぉ〜〜〜 いくらでもラブラブ してくりゃいいじゃん
ほんとに 荒れてるな…
ヒラ ヒラ
もーー 奈々子ちゃん!
愛は障害を乗り越えて 強くなるものよ!
がんばってね!
……

清美ってば
他人事だと思って…
むすっ
自分は
幸せな
もんだから
志村さん
仕事中は笑顔でね
あっ
は、はい
すみません
ニコ…
……
ガミ
ガミ
モヤ
モヤ
ムカ…

もういっか　いまのまま仲直りしなくても…
え？
ドリンクに次いでおにぎりやお菓子のラインナップも見直しですか
う〜ん…
全体の売上げの状況は好調に推移していますがデイリー商品を細かく確認するとまだまだ課題はありますその問題点を改善していくことが日々のお客様の期待に応えることになります
もう一度、商圏を確認してお客様のニーズを考えてみませんか？

順調ないまこそ地域の顧客ニーズをもう一度見直してみましょうよ
…正直他にもやることあるしこれ以上忙しくなるのはなあ…
志村さんはどう思う？
あっえっ？そこまで深く考えたことは…
あたし!?
今度近所にどんな人が住んでいるのか注意して歩いてみてよ
また意見を聞かせてほしいから
はあ…

…鳳さん
いつも張り切ってて
すごいなー
翌日——
近所
ねえ…
——改めて
見るって言っても

住んでるとこだしなあ…
…あれ
こんなところにマンションあったっけ?
いつできたんだろ… あ 接骨院も前はなかったな
にこにこ接骨院
………
デイサービスセ

…そっか
これからお年寄りって
ますます増える
んだよね…
お疲れ様でーす
入り
まーす
うーん
なるほどなあ

どうです？
確かに スーパーには高齢者が けっこう来てましたね
そうなんです！ このお店でも もっと高齢者の来店を 促す方法を 考えましょうよ
あとは意外とペットを 飼っている人も 多かったなあ
はい！
毎日 車で移動してると 気づきにくいんですよ
なるほどなあ…

高齢者にも喜ばれる品揃え
志村さんも一緒に考えてみない？
えっと…
…お菓子なら和菓子やおせんべい焼き菓子などはおじいちゃんおばあちゃんが好きそうですね
ちょっと高くても素材がいいものは買ってもらえそうだし…
ペット関連ならペットフードや犬のおやつのガムトイレシート…
それに消臭剤なんかもバリエーションを考えてもいいかもしれないな
ええ！ええ！
私も来週候補の商品リストをつくって持ってきますよ
……
？

何か相談ごと?
いえ!
なんていうか…鳳さん熱心だなって思って…
あっそうじゃなくて…
まあ確かに
「いまどき流行らない」なんて言う人もいるかもしれないよね
おかしいかい?仕事に夢中だなんて
志村さんはどうしてここでアルバイトしようと思ったの?
え、えとあまり深い理由はなくて…
この流れで「お父さんの顔を見たくないから」とは言えないよ
僕はね
このお店づくりを手伝うことでもっと地域の人に喜んでほしいと思ってる

5年先、10年先にはもっと便利で楽しい暮らしを送ってもらえるようにね
自分の仕事がそういうふうに人の役に立てたらサイコーじゃない？
そのためにはどんなに張り切っていたって行き当たりばったりの仕事じゃだめだ
「将来はこんなふうに地域に役立つお店にしたい」という願いがあるから「いまやるべきこと」が決まるんだ
先を見据えた――筋の通った仕事がね
…一時の感情やその場しのぎじゃなく
将来を考えていまの行動を決める――…

あたし
お父さんとは結局
どうなりたいのかな…？
どんどん
居酒屋
……
大事な話があるっていうから何かと思ったら…
大事だろう!!
奈々子に男がいるんだぞ!!
はぁ…

奈々子ちゃんだって
年頃だろ
そういう話が
ないほうが
おかしいし
し
しかし…
しかもただ
ケータイで話してた
だけなんだろ
まだつきあってても
ないじゃないか
とりあえず勝手に
見たのは謝って
おいたら？
軽はずみな
行動が
心配なんだ！
それは
自分の娘が
信じられない――
そういうことか？
……
彼女は一時の感情に流されて
行動するような子じゃ
ないと思うけどね
目先のことだけじゃなく
将来を考えてちゃんと
分別つけられるはずだよ
うん
うん

そう…
だろうか…？
そんなに心配なら
本人にはっきり
釘を刺しておけば？
まあ恋なんて
一度火がつけば
どうなるか
わからないけど
！
お
お前〜〜〜！
ははは
博文に冗談は
通じないぞ
正敏…
ただいまー
ビク
…な
奈々子…

ピリ…
……
そ
その
…携帯のこと
…悪かったな
!
…そっか
お父さんも
ちゃんと未来を
考えて行動
してくれて――
…う
うん
なら
…あたしも
ムキになって
ゴメン…

クス
い いや…
ねえ お父さん
何だ
あたしも あたしの望む 未来のために
いまできることを――…
明日 どこか 行こうよ
たまには 2人で
え? ああ…
…え?

—END—

Stage 8

セブン-イレブンが考えるトップの条件

「あたりまえのこと」に気づき行動し続ける

長年セブン-イレブンのトップに立つ鈴木敏文氏が考えるトップに必要な条件は6つある。

まず第1の条件は、「理念を掲げてブレないこと」。だが、大げさに理念やビジョンを繰り返し言い募ることとは違う。それは、顧客の利益のために、顧客が「あたりまえだ」と思うことを実践し、顧客に満足してもらうことにほかならない。「あたりまえ」の実践は、従業員や取引先に対しても同じ。従業員に「この会社にいてよかったなあ」と思ってもらったり、取引先に「一緒に取り組みをしてよかった」と思ってもらえるようにするために、あたりまえのことをする。この「あたりまえのこと」とは何かに気づき、行動する力がリーダーには求められている。

2つ目は「決める力」。人がやらないことや、人がやれないことをやるのは簡単ではない。だが、「ほどほどに」と、トップが思うと組織がぐらついてしまう。トップが「やる」と決めてこそ、みんなの力をひとつの方向に結集することができる。実際、セブン銀行を設立するときも大反対を受けたが、鈴木氏は決めたことを押し通した。その結果は大成功。毎期200億円前後の純利益を上げる事業になったのだ。

経営者の目的は人を動かすこと

３つ目は「過去を否定する力」。人は仕事に慣れて自分が玄人だと思うと、ついつい過去の経験で考えてしまう。たとえトップでも、素人の純粋さを忘れないこと。顧客としての感覚を持つことが大切だ。

４つ目は「徹底させる力」。鈴木氏によれば、人はハードルが高いとついつい楽な道に逃げ込もうとする。そのため、トップが妥協を許さずに、決めたことを現場に伝えて目標達成に向かわせる力が大切だという。

５つ目は「伝える力」。経営のトップというと専門用語や難解な言い回しを使うイメージがある。偉人のたとえ話や「○○主義」といった標語が好きなトップもいる。だが、鈴木氏はやさしい話し言葉でそのまま表現する。相手に伝えて実行してもらうことが目的だからだ。６つ目の「未来型の発想を持つこと」は、次ページで紹介しよう。

セブン-イレブンのトップの条件

会社としての理念を掲げて動じない 「ここにいてよかった」と思える理念を貫く	決める力を持つ 最後の責任者として決断し、結果と向き合う	過去を否定する力を持つ 常に新しいことに挑戦する
徹底させる力を持つ 決断を下したらブレずにやり抜く	伝える力を持つ 共感できる言葉で人に語りかける	未来型の発想を持つ 未来を見ながら「いまやるべきこと」を考える

COLUMN 8

「いま」の仕事は「未来」から逆算して決める

ATMの設置、セブンらくらくお届け便、住民票の取得、セブンカフェ……。次から次へと新サービスを開始するセブン-イレブンの新しい発想はどう生まれるのか。そこにトップの条件その6の「未来型の発想を持つこと」が関係している。

鈴木氏は、「みんなが反対することはたいてい成功し、いいと言うことはたいてい失敗する」と言う。みんなが「いい」と言うことは、誰もが同じようなことをやるので差別化はできない。やがて激しい競争に巻き込まれてしまう。

一方、みんなが反対することは、みんなの過去の経験や知識にないもの。実現できれば、まったく新しいものが生み出せる。

もちろん、何でも挑戦すればいいわけではない。そこで目を向けるべきは、未来。「目指すべき未来はこうだ」と仮定し、その未来を実現するために何をするべきかを決める。セブン-イレブンは、このやり方でイノベーションを次々と実現させてきた。この未来を見通す力が、トップには必要なのだ。

経営の本質は、本来、人々の未来に自分を投じていく生き方にある。だが、現代の経営は市場原理に執心し、市場環境や競合相手などを分析して経営判断を下すだけになってしまっている。もっと人間を中心に考えて、人々の主体性を中心にする人間原理の経営の大切さを認識しなければならない。

セブン-イレブンの強さから学ぶべきことは、人間らしさ。人間には、誰にもその人なりの未来がある。そして、時間が経てば未来が必ずやってきて「いま」になる。人間らしく「未来」を向き、そこからいまを考えて仕事をするようにしてみよう。

制作スタッフ

まんが　迫ミサキ
監修　セブン-イレブン・ジャパン

編集　宮下雅子（宝島社）
神崎宏則（山神制作研究所）
日下淳子
取材・文　牧原大二
本文デザイン・DTP　遠藤嘉浩・遠藤明美・縣 沙紀（株式会社 遠藤デザイン）

原案　勝見 明（『セブン-イレブンの「16歳からの経営学」』著者）

Special Thanks To　大嶋健一

Profile

〔まんが〕
迫ミサキ（さこ・みさき）
まんが家。『まんがと図解でわかる正義と哲学のはなし』（小川仁志 監修）、『まんがと図解でわかる統計学』（向後千春 監修）、『超入門! 銀行員がやっている決算書の読み方・使い方』（ジョン太郎 監修、いずれも小社刊）などでもまんがを描く。大阪を拠点に活動中。

まんがでわかる
セブン-イレブンの16歳からの経営学

2014年10月2日　第1刷発行

監修　セブン-イレブン・ジャパン
まんが　迫ミサキ
発行人　蓮見清一
発行所　株式会社 宝島社

〒102-8388 東京都千代田区一番町25番地
電話：営業 03-3234-4621／編集 03-3239-0646
http://tkj.jp
振替：00170-1-170829 ㈱宝島社

印刷・製本　サンケイ総合印刷株式会社

Printed in Japan
ISBN978-4-8002-3029-4